CINCO SÉCULOS DE POESIA

Alexei Bueno

CINCO SÉCULOS DE POESIA

[POEMAS TRADUZIDOS]

2013

Cip-Brasil. Catalogação na fonte
Sindicato Nacional dos Editores de Livros, RJ.

B94c   Bueno, Alexei, 1963-
    Cinco séculos de poesia: (poemas traduzidos) /
  Alexei Bueno. – Rio de Janeiro: Record, 2013.
  208p.

  Obra contém poesias na língua original com
  tradução para o português
  ISBN 978-85-01-09861-0

  1. Poesia – Traduções para o português.
  2. Literatura – Coletânea. I. Título.

           CDD: 808.81
12-8909   CDU: 82-1(082)

Copyright © by Alexei Bueno, 2012

Projeto gráfico e capa: Regina Ferraz

Texto revisado segundo o novo Acordo Ortográfico da Língua Portuguesa.

Direitos exclusivos desta edição reservados pela

EDITORA RECORD LTDA.

Rua Argentina, 171 – 20921-380 – Rio de Janeiro, RJ – Tel.: 2585-2000.

Impresso no Brasil

ISBN 978-85-01-09861-0

Seja um leitor preferencial Record.
Cadastre-se e receba informações sobre
nossos lançamentos e nossas promoções.

Atendimento e venda direta ao leitor:
mdireto@record.com.br ou (21) 2585-2002.

EDITORA AFILIADA

SUMÁRIO

Prefácio 9

SAN JUAN DE LA CRUZ [1542-1591]
La noche oscura del alma 14
A noite escura da alma 15

TORQUATO TASSO [1544-1595]
Tasso a Camoens 20
Tasso a Camões 21

WILLIAM SHAKESPEARE [1563-1616]
Hamlet's monologue 24
Solilóquio de Hamlet 25
Ariel's song I (The Tempest) 26
Canção de Ariel I (A Tempestade) 27
Ariel's song II (The Tempest) 28
Canção de Ariel II (A Tempestade) 29
Prospero's last speech (The Tempest) 30
Última fala de Próspero (A Tempestade) 31

LUDWIG UHLAND [1787-1862]
Die versunkene Krone 34
A coroa submersa 35

GIACOMO LEOPARDI [1798-1837]
A un vincitore nel pallone 38
A um vencedor nos jogos 39
La quiete dopo la tempesta 42
A calma depois da tempestade 43
A se stesso 46
A si mesmo 47
Frammento XXXVIII 48
Fragmento XXXVIII 49

Frammento XXXIX	50
Fragmento XXXIX	51
Frammento dal greco di Simonide	56
Fragmento do grego, de Simônides	57
Frammento dello stesso	58
Fragmento do mesmo	59

HENRY WADSWORTH LONGFELLOW [1807-1882]

Excelsior	62
Excelsior (Mais alto!)	63

GÉRARD DE NERVAL [1808-1855]

Les Chimères – El desdichado	68
As Quimeras – El desdichado	69
Myrtho	70
Mirto	71
Horus	72
Hórus	73
Antéros	74
Anteros	75
Delfica	76
Délfica	77
Artémis	78
Ártemis	79
Le Christ aux Oliviers	80
O Cristo no Horto das Oliveiras	81
Vers dorés	90
Versos áureos	91
Autres Chimères – La tête armée	92
Outras Quimeras – A fronte armada	93
À Madame Aguado	94
A Madame Aguado	95
Érythrèa	96
Eritreia	97
À J.-Y. Colonna	98
A J.-Y. Colonna	99

À Madame Ida Dumas	100
A Madame Ida Dumas	101
À Louise D'or... Reine	102
A Louise D'or... Rainha	103
À Hélène de Mecklembourg	104
A Hélène de Mecklembourg	105
À Madame Sand	106
A Madame Sand	107

EDGAR ALLAN POE [1809-1849]

The Raven	110
O Corvo	111

ALFRED TENNYSON [1809-1892]

The charge of the light brigade	122
A carga da brigada ligeira	123

STEPHANE MALLARMÉ [1842-1898]

Au seul souci de voyager	128
À só tenção de ir em viagem	129

JOSÉ ASUNCIÓN SILVA [1865-1896]

A un pesimista	132
A um pessimista	133

BORIS VIAN [1922-1951]

La vie c'est comme une dent	136
A vida é como um dente	137

Os poetas, os poemas	138
Bibliografia	143

PREFÁCIO

Reuni neste livro, pela primeira vez, o conjunto de traduções de poesia que fiz, por motivos vários, no último quarto de século. É um conjunto pequeno, nunca me dediquei sistematicamente à tradução poética como alguns grandes tradutores brasileiros vivos e mortos, um Carlos Alberto Nunes — na minha opinião o maior de todos, lamentavelmente pouco lembrado —, um Manuel Bandeira, ou nomes como os de Milton Amado, Dante Milano, Jamil Almansur Haddad, Onestaldo de Pennafort, José Paulo Paes, Jorge Wanderley, Ivan Junqueira, Ivo Barroso, Augusto de Campos, Leonardo Fróes, Marco Lucchesi, Paulo Henriques Britto, meu saudoso amigo José Lino Grünewald, entre tantos outros dignos de lembrança. Se o conjunto é pequeno, a qualidade, ao menos dos originais, é grande, nesta aleatória congregação de 12 poetas que vêm do século XVI até a nossa quase contemporaneidade.

A primeira tradução, por data, é a de "O Corvo", de Edgar Allan Poe, grande paixão da minha infância, adolescência e de sempre, que fiz aos 17 anos, num dia inteiro de trabalho. Dessa data para cá alterei-a muito, até cessar de vez de nela mexer há alguns anos. Se há poemas meus nos quais nunca alterei nada, nem alterarei, em tradução a tendência para alterar, para descobrir, a cada releitura, uma outra solução melhor, é irresistível, embora algumas pareçam chegar a esse ideal apaziguamento que toda realização artística busca atingir. O célebre poema "Excelsior", de Longfellow, eu o descobri, em prosa, num livrinho do século XIX sobre ascensões célebres, sendo, sem dúvida, o poema perfeito para a abertura de qualquer obra a respeito de alpinismo. Após ler essa versão, fui atrás do original, que acabei por traduzir, e que redundou na predileta entre as minhas traduções. Sendo um poema do século XIX, tive a liberdade de usar um vocabulário comum aos nossos poetas românticos, que não poderia usar, por exemplo, na tradução de um autor nosso contemporâneo, processo que é recorrente neste livro. O fato é que o poema saiu em português com uma facilidade espantosa, dando-me pouquíssimo trabalho, e me parece que poderia ser perfeitamente, excetuando a temática, um belo poema do Romantismo brasileiro, o que me parece o resultado ideal de qualquer tradução. O soneto de Torquato Tasso para Camões, traduzi-o por causa da minha imensa admiração por ambos, paixão mesmo no caso do segundo, e de toda a vida. Traduzi-o para pô-lo na entrada de uma edição comentada de *Os Lusíadas*, que publiquei em 1993. É, além disso, um índice da admirável circulação de ideias e de conhecimento literário que existia na Europa da Renascença, muito mais do que imagina a maioria dos nossos contemporâneos perante o moderno e fabuloso arsenal de comunicações, então nem imaginável. O sublime "A noite escura da alma", de San Juan de la Cruz, este eu traduzi mentalmente, tal a fluência com que também passava para o português, realizando assim algo de que definitivamente não gosto, traduções poéticas do espanhol para a nossa língua, tendo em vista a facilidade com que, com um pequeno esforço, qualquer lusófono culto pode ler a poesia castelhana no original. O celebérrimo monólogo de Hamlet, este eu traduzi por convite da revista *Poesia Sempre*, em 1997, para uma muito interessante matéria comparativa entre as suas várias versões realizada por Leonardo Fróes. Quatorze anos posterior a essa é a tradução dos três fragmentos, de grande lirismo, de *A tempestade*. A convite também foram traduzidos os sete poemas de Leopardi, dos *Cantos* e dos fragmentos, entre eles, curiosamente, duas traduções suas de fragmentos de Simônides, sendo as minhas, portanto, neste caso, a tradução de uma tradução, do grego para o italiano, em versão formalmente muito livre, e do italiano para o português, com plena fidelidade formal.

Os vinte sonetos que compõem o extraordinário *corpus* de *As Quimeras*, de Gérard de Nerval, traduzi-os também a convite — neste caso de Marco Lucchesi, igualmente notável tradutor — em 1990. Esse conjunto de poemas, nos quais aliás nunca parei de mexer, teve três edições em livro, duas no Brasil e uma em Portugal. Especialmente fascinantes, entre as "Outras Quimeras", são as estranhas variantes que Nerval fez, já na fase da loucura, em alguns dos sonetos, enxertando-os parcialmente uns nos outros, alterando nomes de deuses e figuras mitológicas, nesse verdadeiro Anfiteatro das Religiões Mortas que eles constituem. A beleza fantástica dessas peças, o exotismo dos cenários nelas pintados por esse grande viajante que foi Nerval, as genealogias delirantes por ele criadas, a mistura quase surrealista de cultos extintos com fatos históricos e políticos mais ou menos disfarçados, tudo isso sempre me trouxe à mente as grandes construções pictóricas simbolistas de um Gustave Moreau, como, às vezes, certas figuras oníricas de um Odilon Redon. A verdade é que com esses sonetos Nerval insuflou algo de novo e único na poesia francesa, em seu século mais glorioso. Certas imagens ou construções muito estranhas ou obscuras, que o leitor distraído pode à primeira vista atribuir ao tradutor, comumente estão mesmo no original, o que pode ser facilmente constatado nesta edição bilíngue.

O belo e curto poema romântico de Uhland, "A coroa submersa", parece-me, como no caso de "Excelsior", ter resultado num perfeito poema romântico brasileiro, com a sonoridade bem próxima daquela dos nossos admiráveis poetas dessa escola. O mesmo para o lendário "A carga da Brigada Ligeira", de Tennyson, dos mais difíceis de recriar em português por causa dos pés curtos do original, que traduzi em versos de respectivamente sete e quatro sílabas, conseguindo ficar próximo do andamento épico do original inglês. De Mallarmé, por gosto pessoal e também pela proximidade com uma temática que me toca diretamente, traduzi o famoso soneto sobre Vasco da Gama. Após ele, e caindo outra vez na tradução da poesia castelhana que, como já afirmei, não me agrada, aparece o soneto "A um pessimista", obra da juventude do genial poeta colombiano José Asunción Silva, a quem Manuel Bandeira traduziu, temerariamente e com muito bom resultado, o lendário poema "Noturno", um dos mais belos da poesia ocidental, assim como o também pernambucano Aldemar Tavares recriou, magistralmente, o pequeno poema "Lázaro". O soneto que passamos para o português é de importância menor na obra de Asunción Silva, ainda que represente um curioso momento de otimismo na sua breve vida de suicida. Voltando à língua de Mallarmé com um quase nosso contemporâneo, o livro se encerra com um pequeno e admirável poema de Boris Vian, que igualmente me saiu em português de forma irresistível, quase espontânea. Trata-se de um poema deliciosamente pessimista, quase cioraniano, cuja sincera crueza muito me agrada.

Em todos os poemas reunidos neste livro mantive estrita fidelidade formal, métrica e rímica, quando é o caso, aos originais, sem o que, na minha opinião, a tradução de poesia perde tudo o que nela existe de interesse e desafio. Obviamente tal fidelidade muitas vezes exige a perda de certos requintes — a riqueza das rimas, só como exemplo —, que possa haver no original, mas com o objetivo de preservar algo mais precioso, a própria essência da poesia, seu andamento rítmico emocional. No caso de *As Quimeras*, por exemplo, traduzi os vinte sonetos em dodecassílabos, não obrigatoriamente em alexandrinos, verso tão natural numa língua maciçamente oxítona como o francês, mas que em português exigiria um esforço excessivo para um resultado muito pouco diverso na sonoridade final. As rimas, nos poemas rimados, foram estritamente respeitadas em sua disposição de origem, com a única exceção dos tercetos do soneto "Ártemis", do mesmo Nerval, que originalmente repetem o par de rimas duas vezes, talvez por puro acaso, redundando em quatro rimas, esquema nunca usado pelo poeta em nenhum dos outros 19 poemas, e que dificultaria muito a tradução, levando-a a afastar-se excessivamente do conceito do original para um efeito sonoro sem maior transcendência.

O presente conjunto, em resumo, nasceu da forma mais aleatória, e poderia constar de inúmeros outros poetas da maior devoção do autor, e que aqui não se encontram, mas ainda mais aleatória é a nossa própra vida, e o que realmente importa é que nos originais destas páginas só se encontra grande poesia, nalgumas das muitas formas em que a sua variedade inesgotável se pode manifestar.

Alexei Bueno

SAN JUAN DE LA CRUZ
[1542-1591]

LA NOCHE OSCURA DEL ALMA

En una noche oscura
con ansias en amores inflamada
¡o dichosa ventura!
salí sin ser notada
estando ya mi casa sosegada.

A oscuras y segura
por la secreta escala, disfrazada,
¡o dichosa ventura!
a oscuras y en celada
estando ya mi casa sosegada.

En la noche dichosa
en secreto que nadie me veía,
ni yo mirava cosa
sin otra luz y guía
sino la que en el corazón ardía.

Aquesta me guiava
más cierto que la luz de mediodía
adonde me esperava
quien yo bien me savía
en parte donde nadie parecía.

¡O noche, que guiaste!
¡O noche amable más que la alborada!
¡oh noche que juntaste
amado con amada,
amada en el amado transformada!

En mi pecho florido,
que entero para él solo se guardaba
allí quedó dormido
y yo le regalaba
y el ventalle de cedros aire daba.

A NOITE ESCURA DA ALMA

Em uma noite escura
com ânsias em amores inflamada,
oh, ditosa ventura!,
saí sem ser notada,
já estando minha casa sossegada.

A escuras e segura
pela secreta escada disfarçada,
oh, ditosa ventura!,
a escuras e velada
já estando minha casa sossegada.

Pela noite ditosa,
em segredo, já que ninguém me via,
nem eu mirava coisa,
sem outra luz e guia
que aquela que no coração ardia.

E esta me guiava
mais certo do que a luz do meio-dia,
aonde me esperava
quem eu bem o sabia,
em parte onde ninguém aparecia.

Oh, noite que guiaste!
oh, noite amável mais do que a alvorada!
oh, noite que juntaste
amado com amada,
amada no amado transformada!

No meu peito florido
que inteiro só p'ra ele se guardava,
quedou-se adormecido,
e eu o regalava
e o balanço dos cedros nos soprava.

*El aire de la almena
quando yo sus cavellos esparcía
con su mano serena
en mi cuello hería
y todos mis sentidos suspendía.*

*Quedéme y olvidéme
el rostro recliné sobre el amado;
cesó todo, y dejéme
dejando mi cuidado
entre las azucenas olvidado.*

O ar da ameia plena,
quando eu os seus cabelos esparzia,
com sua mão serena
no colo me feria
e meus sentidos todos suspendia.

Quedei-me e olvidei-me,
o rosto reclinei sobre o amado;
cessou tudo, e deixei-me
deixado meu cuidado
em meio às açucenas olvidado.

1982

TORQUATO TASSO
[1544-1595]

TASSO A CAMOENS

Vasco, le cui felici ardite antenne
Incontro al sol che ne riporta il giorno
Spiegar le vele e fer colà ritorno
Ov'egli par che di cadere accenne,

Non più di ti per aspro mar sostenne
Quel che fece al Ciclope oltraggio e scorno,
Né chi turbò l'Arpie nel suo soggiorno
Né dié più bel subietto a colta penne.

Ed or quella del colto e buon Luigi
Tant'oltre stende il glorioso volo,
Ch'i tuoi spalmati legni andar men lunge:

Ond'a quelli a cui s'alza il nostro Polo
Ed a chi ferma incontra i suoi vestigi
Per lui del corso tuo la fama aggiunge.

TASSO A CAMÕES

Ó Vasco, que em tua ousada nau valente,
Em direção ao sol, que traz o dia,
Velas soltaste, e após tanta porfia
Tornaste enfim às bandas do Poente,

Não te ultrapassa, pelo mar fremente,
O que ao Ciclope ultraja e desafia,
Nem o que na ilha perturbou a Harpia
Deixou mais belo assunto a pena ciente.

Mas a do bom e culto Luís tão alto
Estende além seu voo glorioso
Que mais que as tuas naus o longe rende:

Do Polo austral ao nosso, seu glorioso
Eco, onde chega num sonoro salto,
O curso de tua fama alarga e estende.

1992

WILLIAM SHAKESPEARE
[1563-1616]

HAMLET'S MONOLOGUE

To be, or not to be: that is the question:
Whether 'tis nobler in the mind to suffer
The slings and arrows of outrageous fortune,
Or to take arms against a sea of troubles,
And by opposing end them? To die: to sleep;
No more; and by a sleep to say we end
The heart-ache and the thousand natural shocks
That flesh is heir to, 'tis a consummation
Devoutly to be wish'd. To die, to sleep;
To sleep: perchance to dream: ay, there's the rub;
For in that sleep of death what dreams may come
When we have shuffled off this mortal coil,
Must give us pause: there's the respect
That makes calamity of so long life;
For who would bear the whips and scorns of time,
The oppressor's wrong, the proud man's contumely,
The pangs of despised love, the law's delay,
The insolence of office and the spurns
That patient merit of the unworthy takes,
When he himself might his quietus make
With a bare bodkin? who would fardels bear,
To grunt and sweat under a weary life,
But that the dread of something after death,
The undiscover'd country from whose bourn
No traveller returns, puzzles the will
And makes us rather bear those ills we have
Than fly to others that we know not of?
Thus conscience does make cowards of us all;
And thus the native hue of resolution
Is sicklied o'er with the pale cast of thought,
And enterprises of great pith and moment
With this regard their currents turn awry,
And lose the name of action. — Soft you now!
The fair Ophelia! Nymph, in thy orisons
Be all my sins remember'd.

SOLILÓQUIO DE HAMLET

Ser ou não ser, esta é a questão. Para a alma
O que é mais nobre, suportar os dardos
E as pedras da ultrajante sorte, ou contra
Um mar de erros se erguer, aniquilando-o?
Morrer, dormir, não mais. E com o sono,
Dizem, a dor do coração findamos
E as lutas mil que são da carne a herança.
Qual mais buscado fim? Dormir, morrer.
Dormir! Talvez sonhar. Este é o obstáculo:
Neste sono mortal podem vir sonhos
Quando libertos deste liame efêmero.
Há pois que vacilar. Tal raciocínio
Faz a desgraça da tão longa vida;
Pois quem do tempo aguentaria os golpes
E o escárnio, e o peso do opressor, e a afronta
Do altivo, o amor sem volta, a lei morosa,
A ofensa do poder, e o coice certo
Que o paciente valor leva dos crápulas
Se a paz pudesse dar-se com um punhal?
Quem tais fardos levara, suando e arfando
Sob o exausto viver, não fosse o medo
De algo depois da morte, a terra obscura
De onde ninguém voltou — turvando o arbítrio,
Fazendo-nos tragar antes os males
Daqui, que voar aos outros não sabidos?
Assim nos faz covardes a consciência
E o ardor primeiro do desígnio murcha-se
Frente ao pálido olhar do pensamento,
E as maiores e mais vitais empresas
Com essa ideia desviam-se, perdendo
Qualquer nome de ação. — Silêncio, agora!
A bela Ofélia. — Ninfa, em tuas rezas
Pede por meus pecados.

1997

ARIEL'S SONG I

(The Tempest)

Full fathom five thy father lies;
   Of his bones are coral made;
   Those are pearls that were his eyes:
Nothing of him that doth fade
   But doth suffer a sea-change
Into something rich and strange.
   Sea-nymphs hourly ring his knell
Hark! now I hear them, — Ding-dong, bell.

CANÇÃO DE ARIEL I

(*A Tempestade*)

Teu pai repousa fundo entre os escolhos;
Seus ossos hoje são coral.
Pérolas puras são seus olhos:
Tudo que é dele é ora imortal.
Marítima transformação
Fê-lo algo estranho e sem senão.
Ninfas do mar seus sinos tangem,
Ouve bem, longe, além, como eles plangem.

ARIEL'S SONG II

(The Tempest)

> Where the bee sucks, there suck I:
> In a cowslip's bell I lie;
> There I couch when owls do cry.
> On the bat's back I do fly
> After summer merrily.
> Merrily, merrily shall I live now
> Under the blossom that hangs on the bough.

CANÇÃO DE ARIEL II

(*A Tempestade*)

    Onde a abelha vai sugar,
    Na corola é o meu lugar;
    Lá escuto o mocho agourar.
    Num morcego hei de voar
    Feliz, ao verão findar.
Feliz, feliz serei dessa hora em diante
Sob a flor no alto galho balouçante.

                      2011

PROSPERO'S LAST SPEECH

(*The Tempest*)

Now my charms are all o'erthrown,
And what strength I have's mine own,
Which is most faint: now, 'tis true,
I must be here confined by you,
Or sent to Naples. Let me not,
Since I have my dukedom got
And pardon'd the deceiver, dwell
In this bare island by your spell;
But release me from my bands
With the help of your good hands:
Gentle breath of yours my sails
Must fill, or else my project fails,
Which was to please. Now I want
Spirits to enforce, art to enchant,
And my ending is despair,
Unless I be relieved by prayer,
Which pierces so that it assaults
Mercy itself and frees all faults.
As you from crimes would pardon'd be,
Let your indulgence set me free.

ÚLTIMA FALA DE PRÓSPERO

(*A Tempestade*)

Meu encanto terminado,
Voltei a meu próprio estado
Que é frágil, hei de o afirmar.
Cá me podeis confinar
Ou Nápoles atingir
Caso o queirais permitir.
Como reavi meu ducado
E perdoei muito pecado,
Nesta ilha não me deixeis;
Antes, vossas mãos fiéis
Libertem-me destes laços.
Vosso hálito nos espaços
Minhas velas enfunai
Ou meu projeto se esvai,
Pois em vão sonho com a arte
Que as almas une ou reparte,
E ou de tudo desespero,
Ou vossas preces espero
Que têm força e ao alto vão
Trazendo a paz e o perdão.
Como quereis indulgência
Comigo usai de clemência,
O que desejais, decerto,
Deixando-me enfim liberto.

2011

LUDWIG UHLAND
[1787-1862]

DIE VERSUNKENE KRONE

Da droben auf dem Hügel,
Da steht ein kleines Haus,
Man sieht von seiner Schwelle
Ins schöne Land hinaus;
Dort sitzt ein freier Bauer
Am Abend auf der Bank,
Er dengelt seine Sense
Und singt dem Himmel Dank.

Da drunten in dem Grunde,
Da dämmert längst der Teich,
Es liegt in ihm versunken
Eine Krone, stolz und reich,
Sie läßt zu Nacht wohl spielen
Karfunkel und Saphir;
Sie liegt seit grauen Jahren,
Und niemand sucht nach ihr.

A COROA SUBMERSA

No alto daquele monte
Há uma casa pequenina,
Panorama deslumbrante
Da porta se descortina;
Livre e justo lavrador
Lá mora, que ao fim do dia
Cânticos ergue ao Senhor
E o gume da foice afia.

Embaixo um pântano existe
Sombrio, onde jaz no fundo
Coroa, em que já se viram
A glória e o poder do mundo;
Carbúnculos e safiras
Lá estão à noite a brilhar;
Ali ela vive há séculos,
Ninguém ainda a foi buscar.

1982

GIACOMO LEOPARDI
[1798-1837]

A UN VINCITORE NEL PALLONE

Di gloria il viso e la gioconda voce,
Garzon bennato, apprendi,
E quanto al femminile ozio sovrasti
La sudata virtude. Attendi attendi,
Magnanimo campion (s'alla veloce
Piena degli anni il tuo valor contrasti
La spoglia di tuo nome), attendi e il core
Movi ad alto desio. Te l'echeggiante
Arena e il circo, e te fremendo appella
Ai fatti illustri il popolar favore;
Te rigoglioso dell'età novella
Oggi la patria cara
Gli antichi esempi a rinnovar prepara.

Del barbarico sangue in Maratona
Non colorò la destra
Quei che gli atleti ignudi e il campo eleo,
Che stupido mirò l'ardua palestra,
Né la palma beata e la corona
D'emula brama il punse. E nell'Alfeo
Forse le chiome polverose e i fianchi
Delle cavalle vincitrici asterse
Tal che le greche insegne e il greco acciaro
Guidò de' Medi fuggitivi e stanchi
Nelle pallide torme; onde sonaro
Di sconsolato grido
L'alto sen dell'Eufrate e il servo lido.

Vano dirai quel che disserra e scote
Della virtù nativa
Le riposte faville? e che del fioco
Spirto vital negli egri petti avviva
Il caduco fervor? Le meste rote
Da poi che Febo instiga, altro che gioco
Son l'opre de' mortali? ed è men vano

A UM VENCEDOR NOS JOGOS

Da glória o rosto e a jucunda voz,
Nobre mancebo, encara,
E quanto ao feminil ócio, antepõe
A suada virtude. Vê, repara,
Magnânimo campeão (se à cheia atroz
Dos anos teu valor o espólio opõe
De teu nome), repara, e que o teu peito
Mova um alto desígnio. Retumbante
É a arena e o circo, onde, tremendo, chamas
O popular favor a ilustre feito;
A nova idade com ardor reclamas
Hoje que a pátria cara
Do exemplo antigo o ressurgir prepara.

Do barbárico sangue em Maratona
Não coloriu a destra
O que os atletas nus e o campo eleu
Estúpido mirou, e a árdua palestra;
Nem a palma e a coroa o emociona
Com ânsia emuladora. E lá no Alfeu
Talvez a crina poeirenta e os flancos
Dos cavalos lavou triunfadores
Bem como a grega insígnia e o grego aço
Guiou do Persa em fuga os vis arrancos
No exército sem cor; que o grito baço
Lançou sem ter resposta
Do Eufrates no seio à servil costa.

Vão julgarás o que descerra e acende
Da virtude nativa
A oculta brasa? e aquele que do exausto
Fogo vital no débil peito aviva
O caduco fervor? Desde que estende
A triste roda Febo, é jogo infausto
O labor dos mortais? e é menos oco

Della menzogna il vero? A noi di lieti
Inganni e di felici ombre soccorse
Natura stessa: e là dove l'insano
Costume ai forti errori esca non porse,
Negli ozi oscuri e nudi
Mutò la gente i gloriosi studi.

Tempo forse verrà ch'alle ruine
Delle italiche moli
Insultino gli armenti, e che l'aratro
Sentano i sette colli; e pochi Soli
Forse fien volti, e le città latine
Abiterà la cauta volpe, e l'atro
Bosco mormorerà fra le alte mura;
Se la funesta delle patrie cose
Obblivion dalle perverse menti
Non isgombrano i fati, e la matura
Clade non torce dalle abbiette genti
Il ciel fatto cortese
Dal rimembrar delle passate imprese.

Alla patria infelice, o buon garzone,
Sopravviver ti doglia.
Chiaro per lei stato saresti allora
Che del serto fulgea, di ch'ella è spoglia,
Nostra colpa e fatal. Passò stagione;
Che nullo di tal madre oggi s'onora:
Ma per te stesso al polo ergi la mente.
Nostra vita a che val? solo a spregiarla:
Beata allor che ne' perigli avvolta,
Se stessa obblia, né delle putri e lente
Ore il danno misura e il flutto ascolta;
Beata allor che il piede
Spinto al varco leteo, più grata riede.

Que a mentira o real? A nós com ledos
Enganos e feliz sombra socorre
A própria natureza; e lá onde o louco
Costume aos fortes por sua queda acorre,
Ao ócio escuro e rudo
Levou a gente o glorioso estudo.

Tempo talvez virá em que à ruína
Da itálica grandeza
Os rebanhos insultem, e o arado
Fira as sete colinas; com presteza
Passarão sóis, e a cidade latina
Habitará a raposa, e o indomado
Bosque murmurará de muro a muro;
Se à desgraça da pátria coisa o olvido
Não arrancam de cada alheada mente
Os fados e, por um domínio obscuro,
Não manda o exício à abominável gente
O céu feito benigno
Ao lembrar de um passado heroico e digno.

Sobreviver à infeliz pátria, nobre
Mancebo, é duro fado.
Brilhante ao estado seu seria agora
Que fulgisse o laurel, dela roubado,
Nossa culpa fatal. O tempo a encobre;
Nem ninguém dessa mãe hoje se honora:
Mas por ti mesmo ao alto eleva a mente.
Que vale a vida? Apenas desprezá-la:
Bendito então o que no risco avulta,
Se esquece, ignora o dano que o pressente
E o instante da corrente que o sepulta;
Bendito o que, o pé posto
No vau leteu, mais grato volve o rosto.

                                          1995

LA QUIETE DOPO LA TEMPESTA

Passata è la tempesta:
Odo augelli far festa, e la gallina,
Tornata in su la via,
Che ripete il suo verso. Ecco il sereno
Rompe là da ponente, alla montagna;
Sgombrasi la campagna,
E chiaro nella valle il fiume appare.
Ogni cor si rallegra, in ogni lato
Risorge il romorio
Torna il lavoro usato.
L'artigiano a mirar l'umido cielo,
Con l'opra in man, cantando,
Fassi in su l'uscio; a prova
Vien fuor la femminetta a còr dell'acqua
Della novella piova;
E l'erbaiuol rinnova
Di sentiero in sentiero
Il grido giornaliero.
Ecco il Sol che ritorna, ecco sorride
Per li poggi e le ville. Apre i balconi,
Apre terrazzi e logge la famiglia:
E, dalla via corrente, odi lontano
Tintinnio di sonagli; il carro stride
Del passeggier che il suo cammin ripiglia.

Si rallegra ogni core.
Sì dolce, sì gradita
Quand'è, com'or, la vita?
Quando con tanto amore
L'uomo a' suoi studi intende?
O torna all'opre? o cosa nova imprende?
Quando de' mali suoi men si ricorda?
Piacer figlio d'affanno;
Gioia vana, ch'è frutto
Del passato timore, onde si scosse

A CALMA DEPOIS DA TEMPESTADE

Passou a tempestade:
Ouço a aérea alacridade, e a galinha
Que volta e recomeça
Seu ciscar costumeiro. Eis que o céu limpo
Ressurge do poente, na montanha;
Alegra-se a campanha
E claro o riacho surge lá no vale.
Todo peito se alegra, a todo lado
Retornam os rumores
E o labor costumado.
O artesão, fito o olhar no úmido espaço,
Canta, empunhando a obra,
Na porta. Alegremente
Sai a aldeã a recolher a água
Da tormenta recente.
A voz sempre presente
Do homem das ervas erra
Pelas trilhas de terra.
Eis o Sol de retorno, que irradia
Nos montes e casais. Cada família
Nos balcões e terraços logo assoma:
E, da estrada molhada, se ouve ao longe
Chocalhos a tinir; o carro chia
Do viajante que o rumo enfim retoma.

Em toda alma um ardor
Doce, se espalha enfim,
Quando é, a vida, assim?
Quando com tanto amor
No estudo o homem se alenta?
Ou à obra torna? ou coisa nova intenta?
Quando dos males seus se lembra menos?
Prazer, filho da ânsia;
Vão deleite, que é fruto
Do passado temor, onde tremeu

E paventò la morte
Chi la vita abborria;
Onde in lungo tormento,
Fredde, tacite, smorte,
Sudàr le genti e palpita, vedendo
Mossi alle nostre offese
Folgori, nembi e vento.

O natura cortese,
Son questi i doni tuoi,
Questi i diletti sono
Che tu porgi ai mortali. Uscir di pena
È diletto fra noi.
Pene tu spargi a larga mano; il duolo
Spontaneo sorge e di piacer, quel tanto
Che per mostro e miracolo talvolta
Nasce d'affanno, è gran guadagno. Umana
Prole cara agli eterni! assai felice
Se respirar ti lice
D'alcun dolor: beata
Se te d'ogni dolor morte risana.

Quem, não amando a vida,
Teve medo da morte,
Onde, em longo tormento,
Muda, fria, transida,
Toda gente arfa e sua, apenas vendo
Cobrir-nos de uma vez
Raios, granizo e vento.

Natureza cortês,
Eis teu dom portentoso,
São esses os deleites
Que ofertas aos mortais. Fugir de penas
Entre nós é um gozo.
Penas espalhas de mão cheia, a dor
Surge espontânea, e se um prazer, acaso,
Por monstruoso milagre algumas vezes
Nasce da angústia, grande é o ganho. Impura
Raça aos Céus cara! Já és feliz bastante
Respirando um instante
De alguma dor; bendita
Se a ti de toda dor a morte cura.

                                        1995

A SE STESSO

Or poserai per sempre,
Stanco mio cor. Perì l'inganno estremo,
Ch'eterno io mi credei. Perì. Ben sento,
In noi di cari inganni,
Non che la speme, il desiderio è spento.
Posa per sempre. Assai
Palpitasti. Non val cosa nessuna
I moti tuoi, nè di sospiri è degna
La terra. Amaro e noia
La vita, altro mai nulla; e fango è il mondo.
T'acqueta omai. Dispera
L'ultima volta. Al gener nostro il fato
Non donò che il morire. Omai disprezza
Te, la natura, il brutto
Poter che, ascoso, a comun danno impera,
E l'infinita vanità del tutto.

A SI MESMO

Enfim repousas sempre
Meu lasso coração. Findo é o engano
Que perpétuo julguei. Findou. Bem sinto
Que em nós dos caros erros
Mais que a esperança, o próprio anelo é extinto.
Repousa sempre. Muito
Palpitaste. Nenhuma coisa vale
Teus impulsos, nem digna é de suspiros
A terra. Nojo e tédio
É a vida, nada mais, e lama é o mundo.
Repousa. E desespera
A última vez. À nossa espécie o fado
Não deu mais que o morrer. Enfim despreza
A natureza, o rudo
Poder que, oculto, o comum dano gera
E a vacuidade sem final de tudo.

1995

FRAMMENTO XXXVIII

Io qui vagando al limitare intorno,
Invan la pioggia invoco e la tempesta,
Acciò che la ritenga al mio soggiorno.

Pure il vento muggìa nella foresta,
E muggìa tra le nubi il tuono errante,
Pria che l'aurora in ciel fosse ridesta.

O care nubi, o cielo, o terra, o piante,
Parte la donna mia: pietà, se trova
Pietà nel mondo un infelice amante.

O turbine, or ti sveglia, or fate prova
Di sommergermi, o nembi, insino a tanto
Che il sole ad altre terre il dì rinnova.

S'apre il ciel, cade il soffio, in ogni canto
Posan l'erbe e le frondi, e m'abbarbaglia
Le luci il crudo Sol pregne di pianto.

FRAGMENTO XXXVIII

Eu que vagando em torno da portada
Em vão a chuva invoco e a tempestade
Para retê-la dentro da morada.

Mas no bosque ia o vento sem piedade
E entre as nuvens mugia o troar errante
Sem que no céu raiasse a claridade.

Ó céu, terra, verdor, nuvem vagante,
Minha amada se vai: piedade, cruenta
Terra em que raro a encontra um triste amante.

Ergue-te, turbilhão, agora, e intenta
Submergir-me, negror, agora, enquanto
A outras terras o sol não se apresenta.

Raia o céu, finda o sopro, em cada canto
Repousam a erva e a fronde, e me deslumbra
Com suas luzes o Sol cheias de pranto.

FRAMMENTO XXXIX

Spento il diurno raggio in occidente,
E queto il fumo delle ville, e queta
De' cani era la voce e della gente;

Quand'ella, volta all'amorosa meta,
Si ritrovò nel mezzo ad una landa
Quanto foss'altra mai vezzosa e lieta.

Spandeva il suo chiaror per ogni banda
La sorella del sole, e fea d'argento
Gli arbori ch'a quel loco eran ghirlanda.

I ramoscelli ivan cantando al vento,
E in un con l'usignol che sempre piagne
Fra i tronchi un rivo fea dolce lamento.

Limpido il mar da lungi, e le campagne
E le foreste, e tutte ad una ad una
Le cime si scoprian delle montagne.

In queta ombra giacea la valle bruna,
E i collicelli intorno rivestia
Del suo candor la rugiadosa luna.

Sola tenea la taciturna via
La donna, e il vento che gli odori spande,
Molle passar sul volto si sentia.

Se lieta fosse, è van che tu dimande:
Piacer prendea di quella vista, e il bene
Che il cor le prometteva era più grande.

Come fuggiste, o belle ore serene!
Dilettevol quaggiù null'altro dura,
Nè si ferma giammai, se non la spene.

FRAGMENTO XXXIX

Extinto o diurno raio no ocidente,
E quieto o fumo dos casais, e quieta
Era a bulha dos cães e a voz da gente;

Quando ele, rumo à amorosa meta,
Se descobriu no meio de uma landa
Qual nenhuma outra de esplendor repleta.

Vertia sua luz por toda banda
A irmã do sol, a recobrir de argento
As árvores lá unidas em guirlanda.

Os raminhos iam cantando ao vento
E um rouxinol cheio de mágoa estranha
Dava aos troncos e ao riacho seu lamento.

Brilhava o mar ao longe, e a campanha
E a floresta, e todos por seu turno
Faiscavam como o cume da montanha.

Jazia o vale ali, turvo e soturno,
E a cada monte em torno revestia
A lua com seu fresco ardor noturno.

Só enfrentava a taciturna via
A mulher, e o odorífero esplendor
No vento, sobre o rosto se sentia.

Se era feliz, é vão tentar supor:
Gozava aquela vista, e o bem precioso
Que a alma lhe prometia era maior.

Como fugias, tempo radioso!
Nenhum deleite nesta terra dura
E só se fixa pelo anelo ansioso.

Ecco turbar la notte, e farsi oscura
La sembianza del ciel, ch'era sì bella,
E il piacere in colei farsi paura.

Un nugol torbo, padre di procella,
Sorgea di dietro ai monti, e crescea tanto,
Che più non si scopria luna nè stella.

Spiegarsi ella il vedea per ogni canto,
E salir su per l'aria a poco a poco,
E far sovra il suo capo a quella ammanto.

Veniva il poco lume ognor più fioco;
E intanto al bosco si destava il vento,
Al bosco là del dilettoso loco.

E si fea più gagliardo ogni momento,
Tal che a forza era desto e svolazzava
Tra le frondi ogni augel per lo spavento.

E la nube, crescendo, in giù calava
Ver la marina sì, che l'un suo lembo
Toccava i monti, e l'altro il mar toccava.

Già tutto a cieca oscuritade in grembo,
S'incominciava udir fremer la pioggia,
E il suon cresceva all'appressar del nembo.

Dentro le nubi in paurosa foggia
Guizzavan lampi, e la fean batter gli occhi;
E n'era il terren tristo, e l'aria roggia.

Discior sentia la misera i ginocchi;
E già muggiva il tuon simile al metro
Di torrente che d'alto in giù trabocchi.

Eis que se turva a noite, e faz-se escura
A aparência do céu, que era tão bela,
E em medo o seu prazer se transfigura.

Um nimbo de negror, pai da procela,
Vinha dos montes, e crescia tanto
Que não se via mais lua ou estrela.

Ela o via estender-se a cada canto
E tomar pouco a pouco todo o espaço
E o encobrir qual capuz de treva e espanto.

O céu ficava cada vez mais baço;
No bosque escuro despertava o vento,
No bosque, ali no deleitável passo.

E aumentava o furor cada momento,
Que acordada cada ave esvoaçava
Entre as frondes com temeroso alento.

E a nuvem, aumentando, já alcançava
As águas, tanto que uma extremidade
Tocava os montes e a outra o mar tocava.

Já tudo dominava a escuridade,
Ouvia-se já a chuva vir fremente
No caminho do nimbo que o ar invade.

Dentro dele, em furor incandescente
Voavam raios, que os olhos lhe feriam;
Enrubescendo o ar e o chão temente.

Da mísera os joelhos já tremiam
E mugia o trovão na boca audaz
Das torrentes que do alto se vertiam.

[53]

Talvolta ella ristava, e l'aer tetro
Guardava sbigottita, e poi correa,
Sì che i panni e le chiome ivano addietro.

E il duro vento col petto rompea,
Che gocce fredde giù per l'aria nera
In sul volto soffiando le spingea.

E il tuon veniale incontro come fera,
Rugghiando orribilmente e senza posa;
E cresceva la pioggia e la bufera.

E d'ogn'intorno era terribil cosa
Il volar polve e frondi e rami e sassi,
E il suon che immaginar l'alma non osa.

Ella dal lampo affaticati e lassi
Coprendo gli occhi, e stretti i panni al seno,
Già pur tra il nembo accelerando i passi.

Ma nella vista ancor l'era il baleno
Ardendo sì, ch'alfin dallo spavento
Fermò l'andare, e il cor le venne meno.

E si rivolse indietro. E in quel momento
Si spense il lampo, e tornò buio l'etra,
Ed acchetossi il tuono, e stette il vento.

Taceva il tutto; ed ella era di pietra.

Ela às vezes parava, e o céu minaz
Fitava perturbada, e então corria
Tanto que veste e coma iam-lhe atrás.

E o duro vento em seu peito batia,
Que gotas frias da álgida atmosfera
Em seu rosto soprando desparzia.

E o trovão a afrontava como fera,
Que ruge horrivelmente e não repousa;
Ante a chuva e o troar que mais impera.

E tudo em volta era uma horrível cousa,
Voar de pós, frondes, ramos nos espaços,
E o som que imaginar alma não ousa.

Ela dos raios a cobrir os lassos
Olhos, no corpo as vestes estreitava,
Nuvem adentro acelerando os passos.

Mas no olhar ainda o ardor celeste atroava
Tanto, que no apogeu do ígneo tormento
Parou, e o coração lhe vacilava.

E ela voltou-se. E naquele momento
Cessou o raio, no ar já a treva medra,
E o trovão se aquietou, parou o vento.

Tudo calou-se; e ela era de pedra.

1995

FRAMMENTO DAL GRECO DI SIMONIDE

Ogni mondano evento
È di Giove in poter, di Giove, o figlio,
Che giusta suo talento
Ogni cosa dispone.
Ma di lunga stagione
Nostro cieco pensier s'affanna e cura,
Benché l'umana etate,
Come destina il ciel nostra ventura,
Di giorno in giorno dura.
La bella speme tutti ci nutrica
Di sembianze beate,
Onde ciascuno indarno s'affatica:
Altri l'aurora amica,
Altri l'etade aspetta;
E nullo in terra vive
Cui nell'anno avvenir facili e pii
Con Pluto gli altri iddii
La mente non prometta.
Ecco pria che la speme in porto arrive,
Qual da vecchiezza è giunto
E qual da morbi al bruno Lete addutto;
Questo il rigido Marte, e quello il flutto
Del pelago rapisce; altri consunto
Da negre cure, o tristo nodo al collo
Circondando, sotterra si rifugge.
Così di mille mali
I miseri mortali
Volgo fiero e diverso agita e strugge.
Ma per sentenza mia,
Uom saggio e sciolto dal comune errore,
Patir non sosterria,
Né porrebbe al dolore
Ed al mal proprio suo cotanto amore.

FRAGMENTO DO GREGO, DE SIMÔNIDES

Todo o mundano evento
De Jove está nas mãos, de Jove, ó filho,
Que, por seu próprio intento,
Tudo traz já contado.
Mas de um lugar passado
Nosso cego pensar se alegra e apura,
Se bem que o humano rito,
Como prepara o céu nossa ventura,
De dia em dia dura.
Nutre a nós todos a bela esperança
De semblante bendito
Onde cada um se cansa:
Um busca a aurora mansa,
Um outro a idosa meta;
E nada em terra segue
Que nos anos a vir extraordinários
Com Pluto e os deuses vários
A mente não prometa.
Eis que antes que a esperança ao porto chegue
Um traz de velho a face;
Outro por doença o turvo Letes traga;
Este o ríspido Marte, aquele a vaga
Do pélago arrebata; outro desfaz-se
De árduos cuidados, o outro, um nó atando
Ao pescoço, dentro do chão se encerra.
Assim de muitos ais
Aos míseros mortais
Bando vário e feroz dissolve e aterra.
Antes certo eu diria
Que um sábio, livre do vulgar error,
Sofrer não quereria
Nem poria na dor
E no seu próprio mal tamanho amor.

1995

FRAMMENTO DELLO STESSO

Umana cosa picciol tempo dura,
È certissimo detto
Disse il veglio di Chio,
Conforme ebber natura
Le foglie e l'uman seme.
Ma questa voce in petto
Raccolgon pochi. All'inquieta speme,
Figlia di giovin core,
Tutti prestiam ricetto.
Mentre è vermiglio il fiore
Di nostra etade acerba,
L'alma vota e superba
Cento dolci pensieri educa invano,
Né morte aspetta né vecchiezza; e nulla
Cura di morbi ha l'uom gagliardo e sano.
Ma stolto è chi non vede
La giovanezza come ha ratte l'ale,
E siccome alla culla
Poco il rogo è lontano.
Tu presso a porre il piede
In sul varco fatale
Della plutonia sede,
Ai presenti diletti
La breve età commetti.

FRAGMENTO DO MESMO

Humana coisa pouco tempo dura,
É um dito perfeito
Do ancião de Quios,
Folha e homem, a Natura
Trata com semelhança.
Mas esta voz no peito
Pouquíssimos recolhem. À esperança,
Filha do tolo ardor,
Todos rendem seu preito.
Enquanto é rubra a flor
De nossa idade acerba,
A alma oca e soberba
Cem doces pensamentos cria em vão,
Morte e velhice ignora; nada adverso
Supõe no corpo o homem galhardo e são
Mas louco é quem não vê
A asa veloz da juventude voar
E como junto ao berço
A pira e a urna estão.
Tu, já pronto a pisares
No fatal precipício
Dos plutônicos lares,
Do hoje que te extasia
Goza a breve alegria.

1995

HENRY WADSWORTH LONGFELLOW
[1807-1882]

EXCELSIOR

The shades of night were falling fast,
As through an Alpine village passed
A youth, who bore, 'mid snow and ice,
A banner with the strange device,
        Excelsior!

His brow was sad; his eye beneath,
Flashed like a falchion from its sheath,
And like a silver clarion rung
The accents of that unknown tongue,
        Excelsior!

In happy homes he saw the light
Of household fires gleam warm and bright;
Above, the spectral glaciers shone,
And from his lips escaped a groan,
        Excelsior!

"Try not the Pass!" the old man said;
"Dark lowers the tempest overhead,
The roaring torrent is deep and wide!"
And loud that clarion voice replied,
        Excelsior!

"O stay," the maiden said, "and rest
Thy weary head upon this breast!"
A tear stood in his bright blue eye,
But steel he answered with a sigh,
        Excelsior!

"Beware the pine tree's withered branch!
Beware the awful avalanche!"
This was the peasant's last Good-night,
A voice replied, far up the height,
        Excelsior!

EXCELSIOR
(MAIS ALTO!)

A noite com suas sombras cai depressa;
A aldeia alpina aos poucos atravessa
Um jovem, que ergue, em meio à neve em sanha,
Uma bandeira, com a divisa estranha,
        Excelsior!

Sua cor é triste, mas sua vista alçada
Lembra uma espada desembainhada,
E a sua voz qual clarim de prata erguida
Lança os sons de uma língua nunca ouvida,
        Excelsior!

Casas felizes ele vê, brilhando
Ao fogo quente, familiar e brando;
Mais ao alto espectral geleira ao vento,
E de seus lábios se escapa um lamento,
        Excelsior!

"Não tentes a Passagem", diz-lhe um velho,
"Já ergue a tormenta o seu manto vermelho,
Rugem as águas sem olhar que as sonde!"
E a alta voz de clarim só lhe responde,
        Excelsior!

"Oh! fica", diz-lhe a virgem, "e em meu seio
Deita a fronte cansada sem receio!"
Nubla-lhe um pranto o olhar azul erguido,
Mas ele ainda responde, com um gemido,
        Excelsior!

"Teme os galhos na treva borrascosa!
Teme a uivante avalanche pavorosa!"
São o último boa-noite de quem fica,
E uma voz, longe no alto, lhes replica,
        Excelsior!

At break of day, as heavenward
The pious monks of Saint Bernard
Uttered the oft-repeated prayer,
A voice cried through the startled air,
        Excelsior!

A traveler, by the faithful hound,
Half-buried in the snow was found,
Sill grasping in his hand of ice
The banner with the strange device,
        Excelsior!

There in the twilight cold and gray,
Lifeless, but beautiful he lay,
And from the sky, serene and far,
A voice fell, like a falling star,
        Excelsior!

Nascido o sol, no divino resguardo
Dos santos ermitões de São Bernardo
Quando o salmo de sempre é repetido,
Uma voz grita no ar estremecido,
    Excelsior!

Na neve um viajor, semienterrado,
Pela matilha fiel é encontrado,
Tendo em sua mão de gelo branca e lisa
A bandeira, com a estranha divisa,
    Excelsior!

Lá, onde a noite fria e cinza pousa,
Sem vida, mas tão belo, ele repousa,
E do céu, sereníssima e clemente,
Desce uma voz, como estrela cadente,
    Excelsior!

                21/12/1987

GÉRARD DE NERVAL
[1808-1855]

LES CHIMÈRES

EL DESDICHADO

Je suis le ténébreux — le veuf —, l'inconsolé,
Le prince d'Aquitaine à la tour abolie;
Ma seule étoile est morte, — et mon luth constellé
Porte le soleil noir de la Mélancolie.

Dans la nuit du tombeau, toi qui m'as consolé,
Rends-moi le Pausilippe et la mer d'Italie,
La fleur qui plaisait tant à mon coeur désolé
Et la treille où le pampre à la rose s'allie.

Suis-je Amour ou Phébus?... Lusignan ou Biron?
Mon front est rouge encor du baiser de la reine;
J'ai rêvé dans la grotte où nage la sirène...

Et j'ai deux fois vainqueur traversé l'Achéron;
Modulant tour à tour sur la lyre d'Orphée
Les soupirs de la sainte et les cris de la fée.

AS QUIMERAS

EL DESDICHADO

Eu sou o Tenebroso — o Viúvo —, o Inconsolado,
O Senhor de Aquitânia à Torre da Abulia;
Meu único *Astro* é morto, e o meu alaúde iriado
Irradia o *Sol negro* da *Melancolia*.

Na noite Sepulcral, Tu que me hás consolado,
O Posílipo e o mar Itálico me envia,
A *flor* que tanto amava o meu ser desolado,
E a treliça onde a Vinha à Roseira se alia.

Sou Biron, Lusignan?... Febo ou Amor? Na fronte
Ainda o beijo da Rainha rubro me incendeia;
Eu sonhei na caverna onde nada a Sereia...

E duas vezes cruzei vencedor o Aqueronte;
Modulando na cítara a Orfeu consagrada
Os suspiros da santa e os arquejos da Fada.

12/3/1990

MYRTHO

Je pense à toi, Myrtho, divine enchanteresse,
Au Pausilippe altier, de mille feux brillant,
À ton front inondé des clartés d'Orient,
Aux raisins noirs mêlés avec l'or de ta tresse.

C'est dans ta coupe aussi que j'avais bu l'ivresse,
Et dans l'éclair furtif de ton oeil souriant,
Quand aux pieds d'Iacchus on me voyait priant,
Car la Muse m'a fait l'un des fils de la Grèce.

Je sais pourquoi, là-bas, le volcan s'est rouvert...
C'est qu'hier tu l'avais touché d'un pied agile,
Et de cendres soudain l'horizon s'est couvert.

Depuis qu'un duc normand brisa tes dieux d'argile,
Toujours, sous les rameaux du laurier de Virgile,
Le pâle Hortensia s'unit au Myrte vert!

MIRTO

Eu penso, Mirto, em ti, mágica divindade,
No Posílipo altivo, em mil fogos ardente,
Em tua fronte que mina os brilhos do Oriente,
Na tua trança entre as uvas na áurea escuridade.

Em tua taça também eu bebi a ebriedade,
E no raio furtivo em teu olhar ridente,
Quando de Iacchus aos pés me viram como crente,
Porque a Musa me fez um Grego de outra idade.

Eu sei por que o vulcão além rugiu desperto...
Foi que ontem o tocaste com teu pé ligeiro,
E o horizonte de cinzas logo foi coberto.

Se os teus deuses em pó fez um duque estrangeiro,
Sempre, sob a virgílica haste do loureiro,
À branca hortênsia se une o verde mirto aberto!

12/3/1990

HORUS

Le dieu Kneph en tremblant ébranlait l'univers;
Isis, la mère, alors se leva sur sa couche,
Fit un geste de haine à son époux farouche
Et l'ardeur d'autrefois brilla dans ses yeux verts.

"Le voyez-vous, dit-elle, il meurt, ce vieux pervers,
Tous les frimas du monde ont passé par sa bouche,
Attachez son pied tors, éteignez son oeil louche,
C'est le dieu des volcans et le roi des hivers!

L'aigle a déjà passé, l'esprit nouveau m'appelle,
J'ai revêtu pour lui la robe de Cybèle...
C'est l'enfant bien-aimé d'Hermès et d'Osiris!"

La déesse avait fui sur sa conque dorée,
La mer nous renvoyait son image adorée,
Et les cieux rayonnaient sous l'écharpe d'Iris.

HÓRUS

O deus Kneph tremendo abalava o universo;
Ísis, a mãe, então ergueu-se do seu leito,
Fez um gesto de ódio ao esposo contrafeito,
E ao verde olhar surgiu o antigo ardor imerso.

Disse ela: "Ei-lo que morre, esse velho perverso,
Toda geada do mundo em sua boca achou preito,
Amarrai seu pé torto, arriai o olho imperfeito,
Esse é o deus dos vulcões e o rei do inverno adverso!

A águia passou, o novo espírito me impele,
Por ele eu me vesti com as roupas de Cibele...
É o bem-amado infante de Hermes e de Osíris!"

Fugira a deusa já em sua concha dourada,
O mar nos reenviava a sua forma adorada,
E brilhavam os céus por sob o manto de Íris.

                                          12/3/1990

ANTÉROS

Tu demandes pourquoi j'ai tant de rage au coeur
Et sur un col flexible une tête indomptée;
C'est que je suis issu de la race d'Antée,
Je retourne les dards contre le dieu vainqueur.

Oui, je suis de ceux-là qu'inspire le Vengeur,
Il m'a marqué le front de sa lèvre irritée;
Sous la pâleur d'Abel, hélas! ensanglantée,
J'ai parfois de Caïn l'implacable rougeur!

Jéhovah! le dernier, vaincu par ton génie,
Qui, du fond des enfers, criait: "O tyrannie!"
C'est mon aïeul Bélus ou mon père Dagon...

Ils m'ont plongé trois fois dans les eaux du Cocyte,
Et, protégeant tout seul ma mère Amalécyte,
Je ressème à ses pieds les dents du vieux dragon.

ANTEROS

Tu perguntas por que na alma tanto furor
E sobre o frágil ombro uma fronte indomada;
É que a força de Anteu é a minha índole herdada
E eu volto os dardos contra o deus triunfador.

Eu sou um dos que inspira a alma do Vingador,
Na testa me pousou sua boca irritada;
Na palidez de Abel, oh! Deus, ensangüentada,*
Eu chego a ter de Caim o implacável rubor!

O último, Jeová, findo por tua magia,
Que lá do fundo inferno uivava: "Oh! tirania!"
É Belus meu avô ou o meu pai Dagão...

Três vezes do Cocito hauri a água maldita,
E, só, guardando a minha mãe Amalecita,
Eu plantei aos seus pés os dentes do dragão.

15/3/1990

---

* Em palavras de dupla pronúncia como esta, onde apenas a utilização do trema pode explicitar aquela desejada pelo autor, este exerce seu sagrado direito de usá-lo. (N. do A.)

DELFICA

Ultima Cumaei venit jam carminis aetas.

La connais-tu, Dafné, cette ancienne romance,
Au pied du sycomore, ou sous les lauriers blancs,
Sous l'olivier, le myrte, ou les saules tremblants,
Cette chanson d'amour qui toujours recommence?...

Reconnais-tu le TEMPLE au péristyle immense,
Et les citrons amers où s'imprimaient tes dents,
Et la grotte, fatale aux hôtes imprudents,
Où du dragon vaincu dort l'antique semence?...

Ils reviendront, ces dieux que tu pleures toujours!
Le temps va ramener l'ordre des anciens jours;
La terre a tressailli d'un souffle prophétique...

Cependant la sibylle au visage latin
Est endormie encor sous l'arc de Constantin:
— Et rien n'a dérangé le sévère portique.

DÉLFICA

Ultima Cumaei venit jam carminis aetas.

Tu a conheces, Dafne, esta antiga romança,
Do sicômoro aos pés, sob os louros pendentes,
Sob a oliveira, o mirto e os salgueiros trementes,
Esta canção de amor que além sempre se lança?...

Reconheces o TEMPLO onde a cornija avança,
E os amargos limões onde entravam teus dentes,
E a caverna fatal a hóspedes imprudentes
Onde o dragão vencido esconde a íntima herança?...

Eles retornarão, os Deuses que tu choras!
O tempo recriará a ordem das velhas horas;
De um profético sopro o chão foi sacudido...

Enquanto isso a sibila de rosto latino
Ainda dorme por sob o arco de Constantino:
— E nada perturbou o Pórtico esquecido.

16/3/1990

ARTÉMIS

La Treizième revient... C'est encor la première;
Et c'est toujours la seule, — ou c'est le seul moment;
Car es-tu reine, ô toi ! la première ou dernière?
Es-tu roi, toi le seul ou le dernier amant?...

Aimez qui vous aima du berceau dans la bière;
Celle que j'aimai seul m'aime encor tendrement;
C'est la mort — ou la morte... Ô délice! ô tourment!
La rose qu'elle tient, c'est la **Rose** trémière.

Sainte napolitaine aux mains pleines de feux,
Rose au coeur violet, fleur de sainte Gudule:
As-tu trouvé ta croix dans le désert des cieux?

Roses blanches, tombez! vous insultez nos dieux,
Tombez, fantômes blancs, de votre ciel qui brûle:
— La sainte de l'abîme est plus sainte à mes yeux!

ÁRTEMIS

A Décima terceira volta... E é ainda a primeira;
E é a única sempre, — e único é o instante;
Pois és rainha, Tu, primeira ou derradeira?
És Rei, o Único, tu, ou és o último amante?...

Do berço à tumba amai a que amou verdadeira;
A única que amei ainda me ama constante;
É a Morte — ou a Morta... Oh! delícia! Oh! cruciante
Dor! A rosa que ela ergue é a *Malva* da roseira.

Santa napolitana, as mãos de fogo cheias,
Rosa de alma lilás, flor de santa Gudula:
No deserto celeste achas a Cruz que anseias?

Rosas brancas, tombai! insultais nosso Deus!
Tombai, sombras, do céu onde o incêndio pulula:
— Mais santa que no Abismo é a Santa aos olhos meus!

15/3/1990

LE CHRIST AUX OLIVIERS

(Imité de Jean-Paul)

> *Dieu est mort! le ciel est vide...*
> *Pleurez! enfants, vous n'avez plus de père!*
>
> Jean-Paul

I

Quand le Seigneur, levant au ciel ses maigres bras,
Sous les arbres sacrés, comme font les poètes
Se fut longtemps perdu dans ses douleurs muettes,
Et se jugea trahi par des amis ingrats,

Il se tourna vers ceux qui l'attendaient en bas
Rêvant d'être des rois, des sages, des prophètes...
Mais engourdis, perdus dans le sommeil des bêtes,
Et se prit à crier: "Non, Dieu n'existe pas!"

Ils dormaient. "Mes amis, savez-vous la nouvelle?
J'ai touché de mon front à la voûte éternelle;
Je suis sanglant, brisé, souffrant pour bien des jours!

Frères, je vous trompais; Abîme! abîme! abîme!
Le dieu manque à l'autel où je suis la victime...
Dieu n'est pas! Dieu n'est plus!" Mais ils dormaient toujours!...

O CRISTO NO HORTO DAS OLIVEIRAS

(Imitado de Jean-Paul)

Deus morreu! vazio é o céu...
Chorai! infantes, não tendes mais pai!
Jean-Paul

I

Quando o Senhor, erguendo aos céus seus magros braços,
Sob as árvores santas, tal como os poetas,
Perdeu-se longamente entre dores secretas,
E traído se achou por seus amigos lassos,

Voltou-se aos que o esperavam, vindos nos seus passos,
Sonhando em serem reis, ou sábios, ou profetas...
Mas tontos a dormir, iguais a bestas quietas,
E gritou: "Não há Deus!" bem alto nos espaços.

Dormiam. "Meus amigos, conheceis *a nova*?
Toquei com minha fronte o alto da eterna cova;
Quebrado, há muito eu sofro, e o meu sangue vai fluindo!

Irmãos, vos enganei; Abismo! abismo! abismo!
Falta o deus a esse altar onde, vítima, eu cismo...
Não há Deus! Deus não é!" E eles sempre dormindo!

16/3/1990

II

Il reprit: "Tout est mort ! J'ai parcouru les mondes;
Et j'ai perdu mon vol dans leurs chemins lactés,
Aussi loin que la vie, en ses veines fécondes,
Répand des sables d'or et des flots argentés:

Partout le sol désert côtoyé par des ondes,
Des tourbillons confus d'océans agités...
Un souffle vague émeut les sphères vagabondes,
Mais nul esprit n'existe en ces immensités.

En cherchant l'oeil de Dieu, je n'ai vu qu'une orbite
Vaste, noir et sans fond, d'où la nuit qui l'habite
Rayonne sur le monde et s'épaissit toujours;

Un arc-en-ciel étrange entoure ce puits sombre,
Seuil de l'ancien chaos dont le néant est l'ombre,
Spirale engloutissant les Mondes et les Jours!

II

E tornou: "Tudo é morto! Eu percorri os mundos;
Meu voo se perdeu nos astros espraiados,
Tão longe como a vida, em seus trilhos fecundos,
Tombam areias de ouro e fluxos argentados:

Em tudo o chão deserto e os sorvedouros fundos,
Confusos turbilhões de oceanos agitados...
Um sopro que rebela os astros vagabundos,
Mas espírito algum nesses vãos impensados.

Buscando o olho de Deus, só vi uma órbita vaga,
Vasta, negra e sem fundo, onde a noite que vaga
Cintila sobre o mundo, e enche as formas vazias;

Um arco-íris estranho olha o poço sombrio,
Umbral do velho caos de onde o nada é o feitio,
Espiral que devora os Mundos e os Dias!

16/3/1990

III

Immobile Destin, muette sentinelle,
Froide Nécessité!... Hasard qui, t'avançant
Parmi les mondes morts sous la neige éternelle,
Refroidis, par degrés, l'univers pâlissant,

Sais-tu ce que tu fais, puissance originelle,
De tes soleils éteints, l'un l'autre se froissant...
Es-tu sûr de transmettre une haleine immortelle,
Entre un monde qui meurt et l'autre renaissant?...

O mon père! est-ce toi que je sens en moi-même?
As-tu pouvoir de vivre et de vaincre la mort?
Aurais-tu succombé sous un dernier effort

De cet ange des nuits que frappa l'anathème?...
Car je me sens tout seul à pleurer et souffrir;
Héla! et, si je meurs, c'est que tout va mourir!"

III

Destino sem ação, sentinela espectral,
Fria Necessidade!... Acaso que, indo em frente
Em meio aos mundos mortos na neve eternal,
Esfria este universo aos poucos languescente,

Tu sabes o que fazes, força original,
Dos teus extintos sóis, num atritar fremente...
Estás certa que dás um fôlego imortal
De um mundo que se apaga a um outro renascente?...

Oh! meu pai! és tu mesmo quem em mim eu vejo?
Tens poder de viver e de vencer a morte?
Sucumbiste a um esforço último e mais forte

Deste anjo amaldiçoado que da luz tem pejo?...
Pois todo só me sinto a chorar e a sofrer;
Ai de mim! e, se eu morro, tudo vai morrer!"

16/3/1990

IV

Nul n'entendait gémir l'éternelle victime,
Livrant au monde en vain tout son coeur épanché;
Mais prêt à défaillir et sans force penché,
Il appela le seul *— éveillé dans Solyme:*

"Judas! lui cria-t-il, tu sais ce qu'on m'estime,
Hâte-toi de me vendre, et finis ce marché:
Je suis souffrant, ami ! sur la terre couché...
Viens! ô toi qui, du moins, as la force du crime!"

Mais Judas s'en allait, mécontent et pensif,
Se trouvant mal payé, plein d'un remords si vif
Qu'il lisait ses noirceurs sur tous les murs écrites...

Enfin Pilate seul, qui veillait pour César,
Sentant quelque pitié, se tourna par hasard;
"Allez chercher ce fou!" dit-il aux satellites.

IV

Ninguém ouvia gemer a vítima sagrada,
Abrindo ao mundo em vão seu peito derramado;
Mas, quase a desmaiar e sem força inclinado,
Chamou a *única* sombra em Solima acordada:

"Judas, sabes em quanto a minha alma é cotada,
Vai, vende-me depressa, e finda este mercado:
Eu sofro, amigo, sobre a terra vil deitado...
Vem, que a força do crime ainda tens bem guardada!"

Mas Judas já ia além, tristonho e pensativo,
Sentindo-se mal pago em remorso tão vivo
E lendo o seu negror sobre todos os muros...

Só Pilatos enfim, por seu César velando,
Tendo alguma piedade e ao azar se voltando;
"Busquem o louco!", disse aos sicários impuros.

16/3/1990

V

C'était bien lui, ce fou, cet insensé sublime...
Cet Icare oublié qui remontait les cieux,
Ce Phaéton perdu sous la foudre des dieux,
Ce bel Atys meurtri que Cybèle ranime!

L'augure interrogeait le flanc de la victime,
La terre s'enivrait de ce sang précieux...
L'univers étourdi penchait sur ses essieux,
Et l'Olympe un instant chancela vers l'abîme.

"Réponds! criait César à Jupiter Ammon,
Quel est ce nouveau dieu qu'on impose à la terre?
Et si ce n'est un dieu, c'est au moins un démon."

Mais l'oracle invoqué pour jamais dut se taire;
Un seul pouvait au monde expliquer ce mystère;
— Celui qui donna l'âme aux enfants du limon.

V

Era ele mesmo, o louco, o insensato sublime...
Esse Ícaro esquecido que aos céus remontava,
Faetonte que o raio divino abismava,
Átis ao qual Cibele um novo alento imprime!

O áugure interrogava o seu flanco sem crime,
Ébria, a terra sorvia o sangue que manava...
O universo em seus eixos tonto se inclinava,
E o Olimpo quase ansiou o abismo que o dizime.

"Fala!", César gritou a Júpiter que o ouvia;
"Que novo deus é este à terra hoje outorgado?
E, se não é um deus, um demônio seria."

Mas sempre se calou o oráculo invocado;
Um só daria esse arcano ao mundo desvendado:
— Aquele que deu alma ao ser de argila fria.

16/3/1990

VERS DORÉS

> *Eh quoi! tout est sensible.*
> Pythagore

Homme! libre penseur! te crois-tu seul pensant
Dans ce monde où la vie éclate en toute chose?
Des forces que tu tiens ta liberté dispose,
Mais de tous tes conseils l'univers est absent.

Respecte dans la bête un esprit agissant:
Chaque fleur est une âme à la Nature éclose;
Un mystère d'amour dans le métal repose;
"Tout est sensible!" Et tout sur ton être est puissant.

Crains, dans le mur aveugle, un regard qui t'épie:
A la matière même un verbe est attaché...
Ne la fais pas servir à quelque usage impie!

Souvent dans l'être obscur habite un Dieu caché;
Et, comme un oeil naissant couvert par ses paupières,
Un pur esprit s'accroît sous l'écorce des pierres!

VERSOS ÁUREOS

Mas como! Tudo é sensível!
Pitágoras

Oh! homem pensador, julgas que é em ti somente
Que há a razão neste mundo onde em tudo arfa a vida?
Das forças que tu tens tua vontade é servida,
Mas dos conselhos teus o universo está ausente.

Respeita no animal um espírito agente:
Cada flor é uma alma à Natureza erguida;
Um mistério de amor no metal tem guarida;
"Tudo é sensível!" Tudo em teu ser é potente.

Teme, no muro cego, um olho que te espia:
Pois mesmo na matéria um verbo está sepulto...
Não a faças servir a alguma função impia!

No ser obscuro às vezes mora um Deus oculto;
E, como olho a nascer por pálpebras coberto,
Nas pedras cresce um puro espírito desperto!

16/3/1990

AUTRES CHIMÈRES

LA TÊTE ARMÉE

Napoléon mourant vit une Tête armée...
Il pensait à son fils déjà faible et souffrant :
La Tête, c'était donc sa France bien-aimée,
Décapitée aux pieds du César expirant.

Dieu, qui jugeait cet homme et cette renommée,
Appela Jésus-Christ ; mais l'abyme s'ouvrant,
Ne rendit qu'un vain souffle, un spectre de fumée :
Le Demi-Dieu, vaincu, se releva plus grand.

Alors on vit sortir du fond du purgatoire
Un jeune homme inondé des pleurs de la Victoire,
Qui tendit sa main pure au monarque des cieux ;

Frappés au flanc tous deux par un double mystère,
L'un répandait son sang pour féconder la Terre,
L'autre versait au Ciel la semence des Dieux !

OUTRAS QUIMERAS

A FRONTE ARMADA

Napoleão a morrer via uma *Fronte armada*...
E em seu filho pensava, fraco e agonizante:
A Fronte era a sua própria França bem-amada,
Decapitada, aos pés do César expirante.

Deus, que esse homem julgava e a sua fama ousada,
Chamou por Jesus Cristo; mas o abismo hiante
Só lançou um vão sopro, uma aura esfumaçada:
Vencido, o semideus cresceu mais triunfante.

Então se viu sair do purgatório um jovem
Por sobre o qual os prantos da Vitória chovem,
E que a mão pura ergueu ao monarca dos céus;

No flanco ambos feridos por lei ignorada,
Um vertia seu sangue à Terra fecundada,
O outro lançava aos céus a semente de um Deus!

16/3/1990

À MADAME AGUADO

Colonne de saphir, d'arabesques brodée,
Reparais! Les ramiers s'envolent de leur nid;
De ton bandeau d'azur à ton pied de granit
Se déroule à longs plis la pourpre de Judée.

Si tu vois Bénarès, sur son fleuve accoudée,
Détache avec ton arc ton corset d'or bruni
Car je suis le vautour volant sur Patani,
Et de blancs papillons la mer est inondée.

Lanassa! fais flotter ton voile sur les eaux!
Livre les fleurs de pourpre au courant des ruisseaux.
La neige du Cathay tombe sur l'Atlantique.

Cependant la prêtresse au visage vermeil
Est endormie encor sous l'arche du soleil,
Et rien n'a dérangé le sévère portique.

A MADAME AGUADO

Coluna de safira em renda arabescada,
Retorna! De seu ninho os pombos vão-se embora;
Da tua venda azul ao pé que a pedra escora
A púrpura judaica cai desenrolada.

Se Benares tu vês, em seu rio apoiada,
Desata com teu arco a malha que o ouro enflora
Porque eu sou o falcão que o ar de Patâni explora,
E de alvas borboletas a onda está inundada.

Lanassa! larga a vela sobre os mares frios!
Solta as flores purpúreas ao correr dos rios.
A neve de Cathay cai no Atlântico fero.

Enquanto isso a vestal de face avermelhada
Sob o arco do sol ainda está deitada,
E nada perturbou o pórtico severo.

16/3/1990

ÉRYTHRÈA

Colonne de Saphir, *d'arabesques brodée*
— Reparais! — Les Ramiers *pleurent cherchant leur nid;*
Et, de ton pied d'azur à ton front de granit
Se déroule à longs plis la pourpre de Judée!

Si tu vois Bénarès *sur son fleuve accoudée*
Prends ton arc et revifts ton corset d'or bruni;
Car voici le Vautour, *volant sur* Patani,
Et de papillons blancs la Mer est inondée.

MAHDÉWA! *Fais flotter tes voiles sur les eaux*
Livre tes fleurs de pourpre au courant des ruisseaux;
La neige du Cathay *tombe sur l'Atlantique;*

Cependant la prêtresse au visage vermeil
*Est endormie encor sous l'*Arche du Soleil*:*
— Et rien n'a dérangé le sévère portique.

ERITREIA

Coluna de safira em renda arabescada,
— Retorna! — Os Pombos choram sem ninho lá fora;
E, do teu pé azul à fronte que ele escora
A púrpura judaica cai desenrolada.

Se *Benares* tu vês, em seu rio apoiada,
Pega o teu arco e veste a malha que o ouro enflora;
Eis aqui o *Falcão* que o ar de *Patâni* explora,
E de *alvas borboletas* a Onda está inundada.

MAHDÉWA! Larga a vela sobre os mares frios,
Solta as flores purpúreas ao correr dos rios;
A neve de *Cathay* cai no Atlântico fero;

Enquanto isso a *Vestal* de face avermelhada
Sob o *Arco do Sol* ainda está deitada:
— E nada perturbou o pórtico severo.

15/3/1990

À J.-Y. COLONNA

*La connais-tu, Daphné, cette vieille romance
Au pied du sycomore... ou sous les mûriers blancs,
Sous l'olivier plaintif, ou les saules tremblants,
Cette chanson d'amour, qui toujours recommence?*

*Reconnais-tu le Temple au péristyle immense,
Et les citrons amers où s'imprimaient tes dents,
Et la grotte fatale aux hôtes imprudents
Où du serpent vaincu dort la vieille semence?*

*Sais-tu pourquoi, là-bas, le volcan s'est rouvert?
C'est qu'un jour nous l'avions touché d'un pied agile,
Et de sa poudre au loin l'horizon s'est couvert!*

*Depuis qu'un Duc Normand brisa vos dieux d'argile,
Toujours sous le palmier du tombeau de Virgile
Le pâle hortensia s'unit au laurier vert.*

A J.-Y. COLONNA

Tu a conheces, Dafne, esta antiga romança,
Do sicômoro ao pé... sob amoras pendentes,
Sob a triste oliveira e os salgueiros trementes,
Esta canção de amor que além sempre se lança?

Reconheces o Templo onde a cornija avança,
E os amargos limões onde entravam teus dentes;
E a caverna fatal a hóspedes imprudentes
Onde a serpente extinta esconde a antiga herança?

Sabes por que o vulcão lá longe urrou desperto?
É que um dia o tocou o nosso pé ligeiro,
E o horizonte se viu de poeira recoberto!

Se os teus deuses em pó fez um Duque Estrangeiro,
Onde Virgílio jaz, num palmar sobranceiro,
A branca hortênsia se une ao verde louro aberto.

16/3/1990

À MADAME IDA DUMAS

J'étais assis chantant aux pieds de Michaël;
Mithra sur notre tête avait fermé sa tente;
Le Roi des rois dormait dans sa couche éclatante,
Et tous deux en rêvant nous pleurions Israël!

Quand Tippoo se leva dans la nuée ardente...
Trois voix avaient crié vengeance au bord du ciel;
Il rappela d'en haut mon frère Gabriel,
Et tourna vers Michel sa prunelle sanglante:

"Voici venir le loup, le tigre et le lion...
L'un s'appelle Ibrahim, l'autre Napoléon
Et l'autre Abd-el-Kader qui rugit dans la poudre;

"Le glaive d'Alaric, le sabre d'Attila,
Ils les ont... Mon épée et ma lance sont là;
Mais le César romain nous a volé la foudre."

A MADAME IDA DUMAS

Cantando eu me sentara aos pés de Micael;
Mitra por sobre nós fechara a tenda ingente;
O Rei dos reis dormia em seu leito esplendente,
E em nós corria em sonho o pranto de Israel!

Quando Tippoo se ergueu na nuvem toda ardente...
Três vozes de vingança soaram junto ao céu;
Ele chamou do alto o meu irmão Gabriel,
E pôs sobre Miguel a íris sangrenta e quente:

"Eis que chegam agora o lobo, o tigre e o leão...
Um se chama Ibrahim, o outro Napoleão
E o outro Abd-el-Kader, que entre a pólvora urrou;

"O gládio de Alarico, de Átila o pendão,
Eles têm... Minha espada e lança lá estão;
Mas o César romano o raio nos roubou!"

15/3/1990

À LOUISE D'OR... REINE

Le vieux père en tremblant ébranlait l'univers.
Isis, la mère enfin se leva sur sa couche,
Fit un geste de haine à son époux farouche,
Et l'ardeur d'autrefois brilla dans ses yeux verts.

"Regardez-le! dit-elle, il dort, ce vieux pervers,
Tous les frimas du monde ont passé par sa bouche,
Prenez garde à son pied, éteignez son oeil louche,
C'est le roi des volcans et le Dieu des hivers!"

"L'aigle a déjà passé: Napoléon m'appelle;
J'ai revêtu pour lui la robe de Cybèle,
C'est mon époux Hermès et mon frère Osiris...";

La Déesse avait fui sur sa conque dorée;
La mer nous renvoyait son image adorée
Et les cieux rayonnaient sous l'écharpe d'Iris!

A LOUISE D'OR... RAINHA

O velho pai tremendo abalava o universo.
Ísis, a mãe, então se ergueu sobre o seu leito,
Fez um gesto de ódio ao esposo contrafeito,
E ao verde olhar surgiu o antigo ardor imerso.

Disse ela: "Ei-lo que dorme, esse velho perverso,
Toda geada do mundo em sua boca achou preito.
Vigiai o seu pé, arriai o olho imperfeito,
Esse é o deus dos vulcões e o rei do inverno adverso!"

"A águia agora passou: Napoleão me impele;
Por ele, eu me vesti com as roupas de Cibele,
É Hermes meu esposo e meu irmão Osíris..."

A deusa já fugira em sua concha dourada;
O mar nos reenviava a sua forma adorada,
E brilhavam os céus por sob o manto de Íris!

15/3/1990

À HÉLÈNE DE MECKLEMBOURG

Fontainebleau, mai 1837

Le vieux palais attend la princesse saxonne
Qui des derniers Capets veut sauver les enfants;
Charlemagne, attentif à ses pas triomphants,
Crie à Napoléon que Charles-Quint pardonne.

Mais deux rois à la grille attendent en personne;
Quel est le souvenir qui les tient si tremblants,
Que l'aïeul aux yeux morts s'en retourne à pas lents,
Dédaignant de frapper ces pêcheurs de couronne?

O Médicis! les temps seraient-ils accomplis?
Tes trois fils sont rentrés dans ta robe aux grands plis;
Mais il en reste un seul qui s'attache à ta mante.

C'est un aiglon tout faible, oublié par hasard;
Il rapporte la foudre à son père César...
Et c'est lui qui dans l'air amassait la tourmente!

A HÉLÈNE DE MECKLEMBOURG

Fontainebleau, maio de 1837

A princesa saxônia, espera-a ainda o solar,
Tenta ela dos Capetos salvar os infantes;
Carlos Magno atento aos seus pares triunfantes
Diz ao Corso que Carlos Quinto quer perdoar.

Mas dois reis contra a grade estão ainda a esperar;
Qual lembrança os mantém assim tão inconstantes,
É que o avô de olhar morto em passos claudicantes
Tais ladrões de coroa evitava acertar?

Oh! Médicis! será que os tempos já soaram?
Três filhos sob o teu imenso traje entraram;
Mas um só ainda há que em teu manto se assenta.

É um filhotinho de águia, ao acaso esquecido;
Ele a César seu pai leva o raio perdido...
E ele é aquele que no ar modelava a tormenta!

16/3/1990

À MADAME SAND

"Ce roc voûté par art, chef-d'oeuvre d'un autre âge,
Ce roc de Tarascon hébergeait autrefois
Les géants descendus des montagnes de Foix,
Dont tant d'os excessifs rendent sûr témoignage."

O seigneur Du Bartas! Je suis de ton lignage,
Moi qui soude mon vers à ton vers d'autrefois;
Mais les vrais descendants des vieux Comtes de Foix
Ont besoin de témoins pour parler dans notre âge.

J'ai passé près Salzbourg sous des rochers tremblant;
La Cigogne d'Autriche y nourrit les Milans,
Barberousse et Richard ont sacré ce refuge.

La neige règne au front de leurs pies infranchis,
Et ce sont, m'a-t-on dit, les ossements blanchis
Des anciens monts rongés par la mer du Déluge.

A MADAME SAND

"Tal rocha bem arqueada, esmero de outra idade,
Rocha de Tarascon, nela moraram já
Os gigantes descidos dos montes de Foix,
Dos quais ossos imensos provam a verdade."

Oh! senhor Du Bartas! Tua consangüinidade*
É em mim que uno o meu verso aos que fizeste já;
Mas a autêntica estirpe dos Condes de Foix
Tem que testemunhar ao falar a esta idade.

Por Salzburgo eu passei sob um trêmulo vão;
Da Áustria a Cegonha aqui deu pasto ao Gavião.
Ricardo e Barba Roxa ungiram este arcano.

A neve envolve os altos picos entre os ventos,
E estes são, foi-me dito, os *ossos* alvacentos
Dos montes que corroeu o mar diluviano.

16/3/1990

---

* Em palavras de dupla pronúncia como esta, onde apenas a utilização do trema pode explicitar aquela desejada pelo autor, este exerce seu sagrado direito de usá-lo. (N. do A.)

EDGAR ALLAN POE
[1809-1849]

THE RAVEN

Once upon a midnight dreary, while I pondered, weak and
[weary,
Over many a quaint and curious volume of forgotten lore,
While I nodded, nearly napping, suddenly there came a tapping,
As of someone gently rapping, rapping at my chamber door.
" 'Tis some visitor," I muttered, "tapping at my chamber door;
    Only this, and nothing more."

Ah, distinctly I remember, it was in the bleak December,
And each separate dying ember wrought its ghost upon the floor.
Eagerly I wished the morrow; vainly I had sought to borrow
From my books surcease of sorrow, sorrow for the lost Lenore,
For the rare and radiant maiden whom the angels name Lenore,
    Nameless here forevermore.

And the silken sad uncertain rustling of each purple curtain
Thrilled me, filled me with fantastic terrors never felt before;
So that now, to still the beating of my heart, I stood repeating,
" 'Tis some visitor entreating entrance at my chamber door,
Some late visitor entreating entrance at my chamber door.
    This it is, and nothing more."

Presently my soul grew stronger; hesitating then no longer,
"Sir," said I, "or madam, truly your forgiveness I implore;
But the fact is, I was napping, and so gently you came rapping,
And so faintly you came tapping, tapping at my chamber door,
That I scarce was sure I heard you." Here I opened wide the
[door;
    Darkness there, and nothing more.

Deep into the darkness peering, long I stood there, wondering,
[fearing
Doubting, dreaming dreams no mortals ever dared to dream
[before;

O CORVO

Numa meia-noite cava, quando, exausto, eu meditava
Nuns estranhos, velhos livros de doutrinas ancestrais
E já quase adormecia, percebi que alguém batia
Num soar que mal se ouvia, leve e lesto, em meus portais.
Disse a mim: "É um visitante que ora bate em meus
[portais;
    É só isto, e nada mais."

Ah! Tão claro que eu me lembro! Era num frio e atroz
[dezembro,
E as chamas no chão, morrendo, davam sombras
[fantasmais.
E eu sonhava logo o alvor e p'ra acabar com a minha dor
Lia em vão, lembrando o amor desta de dons angelicais,
A qual chamam Leonora as legiões angelicais,
    Mas que aqui não chamam mais.

E um sussurro triste e langue nas cortinas cor de sangue
Assustou-me com tremores nunca vistos tão reais;
E ao meu peito que batia eu mesmo em pé me repetia:
"É somente, em noite fria, um visitante aos meus portais
Que, tardio, pede entrada assim batendo aos meus portais.
    É só isto, e nada mais."

Neste instante a minha alma fez-se forte e ganhou calma
E "Senhor" disse, "ou Senhora, perdoai, se me aguardais;
Que eu já ia adormecendo quando viestes cá batendo,
Tão de leve assim fazendo, assim fazendo em meus portais,
Que eu pensei que não ouvira" — e abri bem largo os meus
[portais;
    Treva intensa, e nada mais.

Longamente a noite olhei e estarrecido me encontrei,
E, assustado, tive sonhos que ninguém sonhou iguais;

*But the silence was unbroken, and the stillness gave no token,
And the only word there spoken was the whispered word,
Lenore?, This I whispered, and an echo murmured back the
[word,
"Lenore!" Merely this, and nothing more.*

*Back into the chamber turning, all my soul within me burning,
Soon again I heard a tapping, something louder than before,
"Surely," said I, "surely, that is something at my window
[lattice.
Let me see, then, what thereat is, and this mystery explore.
Let my heart be still a moment, and this mystery explore.
'Tis the wind, and nothing more."*

*Open here I flung the shutter, when, with many a flirt and
[flutter,
In there stepped a stately Raven, of the saintly days of yore.
Not the least obeisance made he; not a minute stopped or
[stayed he;
But with mien of lord or lady, perched above my chamber door.
Perched upon a bust of Pallas, just above my chamber door,
Perched, and sat, and nothing more.*

*Then this ebony bird beguiling my sad fancy into smiling,
By the grave and stern decorum of the countenance it wore,
"Though thy crest be shorn and shaven thou," I said, "art sure
[no craven,
Ghastly, grim, and ancient raven, wandering from the nightly
[shore.
Tell me what the lordly name is on the Night's Plutonian
[shore."
Quoth the Raven, "Nevermore."*

*Much I marvelled this ungainly fowl to hear discourse so
[plainly,
Though its answer little meaning, little relevancy bore;*

Mas total era o deserto e ser nenhum havia perto
Quando um nome, único e certo, sussurrei entre meus
                              [ais —
— "Leonora" — esta palavra — e o eco a repôs entre os
                              [meus ais.
    E isto é tudo, e nada mais.

Para o quarto então volvendo, toda a alma em mim
                              [ardendo,
Logo ouvi mais uma vez alguém batendo em tons iguais.
— "Certamente este ruído da janela é que é partido.
Nela irei, e esclarecido então serei destes sinais.
Sorverá o meu coração o desvendar destes sinais. —
    Isto é o vento, e nada mais".

A janela abri então, quando, em estranha vibração,
Um altivo Corvo entrou, como os dos tempos
                              [ancestrais.
Não me fez um cumprimento, não deteve-se um
                              [momento;
Mas com ar de nobre acento pousou sobre os meus
                              [umbrais.
Pousou num busto de Palas que há por sobre os meus
                              [umbrais.
    Pousou mudo, e nada mais.

E este pássaro noturno fez-me menos taciturno
Com o modo rijo e sério dos seus gestos glaciais.
"Não trazendo embora crista", disse eu, "ninguém
                              [avista
Covardia em tua pista, egresso de orlas infernais.
Qual é lá teu nobre nome, lá nas orlas infernais?"
    Disse o Corvo: "Nunca mais."

E eu fiquei maravilhado vendo a ave ter falado
Tão correto, embora o senso fosse falho em frases tais;

*For we cannot help agreeing that no living human being
Ever yet was blessed with seeing bird above his chamber door,
Bird or beast upon the sculptured bust above his chamber door,
        With such name as "Nevermore."*

*But the Raven, sitting lonely on that placid bust, spoke only
That one word, as if his soul in that one word he did outpour.
Nothing further then he uttered; not a feather then he fluttered;
Till I scarcely more than muttered, "Other friends have flown*
                                                            [*before;*
On the morrow he will leave me, as my hopes have flown
                                                            [*before."*
        Then the bird said, "Nevermore."

*Startled at the stillness broken by reply so aptly spoken,
"Doubtless," said I, "what it utters is its only stock and store,
Caught from some unhappy master, whom unmerciful disaster
Followed fast and followed faster, till his songs one burden*
                                                            [*bore,*
*Till the dirges of his hope that melancholy burden bore
        Of "Never — nevermore."*

*But the Raven still beguiling all my fancy into smiling,
Straight I wheeled a cushioned seat in front of bird and bust*
                                                            [*and door;*
*Then, upon the velvet sinking, I betook myself to linking
Fancy unto fancy, thinking what this ominous bird of yore,
What this grim, ungainly, ghastly, gaunt, and ominous bird*
                                                            [*of yore*
        Meant in croaking, "Nevermore."

*Thus I sat engaged in guessing, but no syllable expressing
To the fowl, whose fiery eyes now burned into my bosom's*
                                                            [*core;*
*This and more I sat divining, with my head at ease reclining
On the cushion's velvet lining that the lamplight gloated o'er,*

[114]

Mas que todos digam sim a que jamais antes de mim
Viu um homem ave assim entronizada em seus umbrais,
Ave ou bicho sobre o busto que há por sobre os seus
[umbrais
    Se chamando "Nunca mais".

Mas o Corvo empoleirado nada disse além, velado,
Como se coubesse inteiro nessas sílabas fatais.
Nem um gesto então vibrou e pena alguma se agitou,
Minha boca murmurou: — "Por amanhã também te vais,
Como os sonhos e os amigos voaram antes, tu te vais".
    Disse o Corvo: "Nunca mais."

Pasmo a ouvir esta resposta no silêncio tão bem posta,
Disse: — "Ao certo ele só sabe esta expressão de
[funerais.
Deve tê-la ouvido um dia de um seu dono que sofria
Com a Desgraça que o seguia e na Miséria onde os
[seus ais
Foram ruindo e enfim compondo um estribilho feito
[em ais
    Que é este 'Nunca, nunca mais'".

Mas o Corvo novamente fez-me à dor sorrir contente
E sentei-me em frente a ele, olhando o busto em meus
[umbrais,
E enterrado no veludo somei sonhos, quieto e mudo,
P'ra entender, ligando tudo, o que dos dias ancestrais
Quis tal magra e agra ave negra desses dias ancestrais
    Ao grasnar-me "Nunca mais".

Por ali fiquei pensando, mas nem sílaba falando
Aos seus olhos me queimando como chamas infernais;
E afundei-me discorrendo, com a cabeça me pendendo,
Na almofada onde ia erguendo a luz cruel sombras
[triunfais,

But whose velvet violet lining with the lamplight gloating o'er
    She shall press, ah, nevermore!

Then, methought, the air grew denser, perfumed from an
                                                  [unseen censer
Swung by seraphim whose footfalls tinkled on the tufted floor.
"Wretch," I cried, "thy God hath lent thee — by these angels
                                                           [he hath
Sent thee respite — respite and nepenthe from thy memories
                                                             [of Lenore!
Quaff, O quaff this kind nepenthe, and forget this lost Lenore!"
    Quoth the Raven, "Nevermore!"

"Prophet!" said I, "thing of evil! — prophet still, if bird or devil!
Whether tempter sent, or whether tempest tossed thee here
                                                                [ashore,
Desolate, yet all undaunted, on this desert land enchanted —
On this home by horror haunted — tell me truly, I implore:
Is there — is there balm in Gilead? — tell me — tell me
                                                                  [I implore!"
    Quoth the Raven, "Nevermore."

"Prophet!" said I, "thing of evil — prophet still, if bird or devil!
By that heaven that bends above us — by that God we both
                                                                 [adore —
Tell this soul with sorrow laden, if, within the distant Aidenn,
It shall clasp a sainted maiden, whom the angels name
                                                                 [Lenore —
Clasp a rare and radiant maiden, whom the angels name
                                                                 [Lenore?
    Quoth the raven, "Nevermore."

"Be that word our sign of parting, bird or fiend!" I shrieked,
                                                                 [upstarting —
"Get thee back into the tempest and the Night's Plutonian
                                                                    [shore!

No veludo onde ela à luz que me olha em sombras
                                        [triunfais
    Não se deita, nunca mais!

Fez-se então o ar mais denso, como cheio de um incenso
Que espalhassem alvos anjos dando passos musicais.
"Infeliz! Por teu lamento Deus te deu o esquecimento."
Disse a mim em pensamento: "Olvida a causa dos
                                          [teus ais!
Deita logo este nepente em Leonora e nos teus ais!"
    Disse o Corvo: "Nunca mais."

"Profeta!", eu disse, "Ente mau! — Profeta em ave e
                                      [obra infernal! —
Que o Demônio ou a tormenta aqui lançou nos meus
                                      [umbrais,
Nesta casa e este deserto, nesta terra, ainda desperto,
Neste encanto escuro e incerto! Dize a mim, pelos
                                        [meus ais!
Há um bálsamo em Galaad? Responde a mim, pelos
                                        [meus ais!"
    Disse o Corvo: "Nunca mais."

"Profeta!", eu disse, "Ente mau! — Profeta em ave e
                                      [obra infernal! —
Pelo Deus que é de nós dois e dorme em sombras
                                        [eternais,
Dize a esta alma atormentada se no Éden que há além
                                        [do nada
Há de achar a antiga amada que hoje em sons celestiais
Anjos chamam Leonora, em meio a sons celestiais."
    Disse o Corvo: "Nunca mais."

— "Que a esta voz voltes aos ares, ave ou diabo — vai!
                                        [Não pares!
Volta até", eu gritei de pé, "tuas turvas orlas infernais!

Leave no black plume as a token of that lie thy soul spoken!
Leave my loneliness unbroken! — quit the bust above my door!
Take thy beak from out my heart, and take thy form from off
[my door!"
    Quoth the Raven, "Nevermore."

And the Raven, never flitting, still is sitting, still is sitting
On the pallid bust of Pallas just above my chamber door;
And his eyes have all the seeming of a demon's that is dreaming,
And the lamplight o'er him streaming throws his shadow
[on the floor;
And my soul from out that shadow that lies floating on the
[floor
    Shall be lifted — nevermore!

Não me fique pena alguma a te lembrar! Também se suma!
A mentira que te esfuma não me reste em meus umbrais!
Tire o bico do meu peito e a forma atroz dos meus umbrais!"
    Disse o Corvo: "Nunca mais."

E o Corvo, que não voará, lá ainda está, lá ainda está
No busto branco de Palas, em meu quarto, aos seus portais;
E os seus olhos vão lembrando os de um demônio então
                                               [sonhando.
E a luz, no chão escoando, lhe ergue a sombra em meus
                                               [umbrais;
E minha alma desta sombra, que se alonga em meus
                                               [umbrais
    Não há de erguer-se — Nunca mais!

                                        Rio de Janeiro, 10/6/1980

ALFRED TENNYSON
[1809-1892]

THE CHARGE OF THE LIGHT BRIGADE

Half a league, half a league,
　Half a league onward,
All in the valley of Death
　Rode the six hundred.
'Forward, the Light Brigade!
Charge for the guns' he said:
Into the valley of Death
　Rode the six hundred.

'Forward, the Light Brigade!'
Was there a man dismay'd?
Not thro' the soldiers knew
　Some one had blunder'd:
Theirs not to make reply,
Theirs not to reason why,
Theirs but to do and die:
Into the valley of Death
　Rode the six hundred.

Cannon to the right of them,
Cannon to the left of them,
Cannon in front of them
　Volley'd and thunder'd;
Stor'd at with shot and shell,
Boldly they rode and well,
Into the jaws of Death,
Into the mouth of Hell
　Rode the six hundred.

Flash'd all their sabres bare,
Flash'd as they turned in air
Sabring the gunners there,
Charging an army while
　All the world wonder'd:
Plunged in the battery-smoke

A CARGA DA BRIGADA LIGEIRA

Uma légua, e uma outra légua,
  E ainda outra, em frente,
Todos no Vale da Morte
  Vão os seiscentos.
"Adiante, adiante, Brigada!
Contra as armas" é a ordem dada:
Dentro do Vale da Morte
  Vão os seiscentos.

"Além, Brigada Ligeira!"
Qual de tal ordem se esgueira?
Soldado algum se desvia
  Dos feitos cruentos:
Não têm o que responder,
Nada têm para dizer,
Eles só têm que morrer:
Dentro do Vale da Morte
  Vão os seiscentos.

Canhões à direita deles,
Canhões à esquerda deles,
Canhões bem defronte a eles
  Cuspindo, odientos;
Balas e bombas tragando,
Foram além, galopando,
Direto aos dentes da Morte,
Na boca infernal entrando
  Vão os seiscentos.

Brilharam seus sabres no ar,
Luzindo a revolutear,
Já a artilharia a golpear,
Todo um exército, proeza
  Que voou nos ventos:
Mergulhados na fumaça

Right thro' the line they broke;
Cossack and Russian
Reel'd from the sabre-stroke
   Shatter'd and sunder'd.
Then they rode back, but not
   Not the six hundred.

Cannon to right of them,
Cannon to left of them,
Cannon behind them
   Volley'd and thunder'd;
Storm'd at with shot and shell,
While horse and hero fell,
They that had fought so well
Came thro' the jaws of Death,
Back from the mouth of Hell,
All that was left of them,
   Left of six hundred.

When can their glory fade?
O the wild charge they made!
   All the world wonder'd.
Honour the charge they made!
Honour the Light Brigade,
   Noble six hundred!

Dos canhões, rompem sem jaça
Os russos e os cossacos
Que cada sabrada espaça
  Tontos, sangrentos.
Então eles fogem, mas
  Não os seiscentos.

Canhões à direita deles,
Canhões à esquerda deles,
Canhões bem nas costas deles
  Cuspindo, odientos;
A bomba e bala crivados,
Cavalo e herói derrubados,
Eles, na luta exaltados,
Vieram da boca da Morte,
Do Inferno cruel resgatados,
Os restos que havia deles,
  Deles, seiscentos.

Quem de sua glória se abeira?
Que ato o seu! A terra inteira
  Espalha-o aos ventos.
Honra à sua carga altaneira!
Honra à Brigada Ligeira,
  Nobres seiscentos!

        21/4/2011

STEPHANE MALLARMÉ
[1842-1898]

AU SEUL SOUCI DE VOYAGER

Au seul souci de voyager
Outre une Inde splendide et trouble
— Ce salut soit le messager
Du temps, cap que ta poupe double

Comme sur quelque vergue bas
Plongeante avec la caravelle
Ecumait toujours en ébats
Un oiseau d'annonce nouvelle

Qui criait monotonement
Sans que la barre ne varie
Un inutile gisement
Nuit, désespoir et pierrerie

Par son chant reflété jusqu'au
Sourire du pâle Vasco.

À SÓ TENÇÃO DE IR EM VIAGEM

À só tenção de ir em viagem
Além de uma Índia ingente e turva
— Que seja este brinde a mensagem
Do tempo, onde a tua popa é a curva

Como a uma verga sobre as ondas
Mergulhante com a caravela
Sempre espumava uma ave em rondas
Da anunciação nova que a vela

A gritar monotonamente
Sem que o timão mude a sua via
Uma jazida inconsistente
Noite, aflição e pedraria

Por seu canto onde se recama
O sorrir do pálido Gama.

JOSÉ ASUNCIÓN SILVA
[1865-1896]

A UN PESIMISTA

*Hay demasiada sombra en tus visiones,
algo tiene de plácido la vida,
no todo en la existencia es una herida
donde brote la sangre a borbotones.*

*La lucha tiene sombra, y las pasiones
agonizantes, la ternura huída,
todo lo amado que al pasar se olvida
es fuente de angustiosas decepciones.*

*Pero, ¿por qué dudar, si aún ofrecen
en el remoto porvenir oscuro
calmas hondas y vívidos cariños*

*la ternura profunda, el beso puro
y manos de mujer, que amantes mecen
las cunas sonrosadas de los niños?*

Brienz, 1885

A UM PESSIMISTA

Há sombra demasiada nas visões
Que tens, algo de plácido há na vida,
Nem tudo na existência é uma ferida
Da qual o sangue jorre aos borbotões.

A luta tem descanso, e ainda as paixões
Agonizantes, e a afeição perdida,
Tudo que amamos e que o tempo olvida
E nos cobre de rudes decepções.

Mas, por que duvidar, se nos reservam
No futuro remoto e em tudo obscuro
Fundas calmas e vívidas bonanças

A ternura profunda, o beijo puro,
E femininas mãos que a amar preservam
Os berços cor-de-rosa das crianças?

3/5/2011

BORIS VIAN
[1922-1951]

LA VIE C'EST COMME UNE DENT

La vie, c'est comme une dent
D'abord on y a pas pensé
On s'est contenté de mâcher
Et puis ça se gâte soudain
Ça vous fait mal, et on y tient
Et on la soigne et les soucis
Et pour qu'on soit vraiment guéri
Il faut vous l'arracher, la vie

A VIDA É COMO UM DENTE

A vida é como um dente
Primeiro nem o notamos
Tudo é bom se mastigamos
Mas se estraga de repente
Dói, e então você o sente
E o trata, coisa doída
Que para ser resolvida
Só o arrancando, ela, a vida

2005

OS POETAS, OS POEMAS

SAN JUAN DE LA CRUZ [1542-1591]

Um dos maiores místicos espanhóis, o confessor de Santa Teresa de Ávila também foi dos maiores poetas da língua castelhana. Sua pequena e densa obra em versos inclui poemas que servem de base para impressionantes tratados místicos, como a muito célebre "La noche oscura del alma", descrição da união estática entre a alma e o Criador através de uma ambiência claramente amorosa, o que se inclui numa secular tradição árabe e judaica, duas culturas tão arraigadas na Península Ibérica. Foi beatificado por Clemente X em 1675, e canonizado por Bento XIII em 1726. No ano de 1952 foi declarado patrono dos poetas espanhóis.

TORQUATO TASSO [1544-1595]

Tasso é o autor de *La Gerusalemme Liberata*, publicada incialmente em 1581, a maior epopeia da Cristandade latina ao lado de *Os Lusíadas*, tendo em vista que a *Divina Commedia* não é uma epopeia, e que o *Paradise Lost*, de Milton, além de não atingir a mesma altura, é um poema protestante. A epopeia de Tasso realiza uma titânica polifonia entre o heroico, o religioso e o amatório, para a qual não se encontra similar. O soneto de Tasso a Camões comprova a sua admiração pelo maior poeta de Portugal, assim como a velocidade com que circulavam as obras e as ideias em fins da Renascença. No próprio ano da morte de Camões, 1580, duas traduções castelhanas de *Os Lusíadas* saíram na Espanha. Como as coroas de Portugal e Espanha se haviam unido na mesma data, após a morte do Cardeal Dom Henrique, a Camões, que Cervantes cita no *Dom Quixote*, sempre veio a caber o título de *Príncipe de los poetas de España*. A vida aventurosa de Torquato Tasso, com suas passagens pelo cárcere e pela loucura, fez dele, dos maiores poetas da literatura universal, um popular herói para o movimento romântico.

WILLIAM SHAKESPEARE [1563-1616]

Se há um escritor que dispensa apresentações é este, o Bardo, o nome máximo da riquíssima literatura de língua inglesa, o autor da maior obra do teatro universal moderno, para o separarmos, por motivos óbvios, do teatro grego. O solilóquio de Hamlet, uma das pedras de toque da literatura ocidental, registra a capacidade muito característica do poeta de Stratford-upon-Avon para descrever as misérias da condição humana, e a insegurança metafísica que nelas enreda todos os homens, de todas as épocas e locais. As duas canções de Ariel, em *A Tempestade*, são exemplos do lírico que sempre acompanha seu gênio dramático.

LUDWIG UHLAND [1787-1862]

Historiador literário e filólogo, mas poeta acima de tudo, Ludwig Uhland nasceu e morreu em Tübingen, Alemanha. Seus poemas são caracteristicamente românticos, pela idealização do passado nacional, especialmente da Idade Média, pelo culto da Natureza e da Pátria. Suas baladas alcançaram grande popularidade, algumas se transformando em hinos, dando-lhe, em seu Württemberg natal, uma posição algo parecida à de Béranger em relação à literatura francesa.

GIACOMO LEOPARDI [1798-1837]

Maior poeta italiano da primeira metade do século XIX, filho de uma família nobre, Giacomo Leopardi uniu uma vida assolada pelas doenças — escoliose, cegueira, mal de Pott, depressão — a uma cultura universal e a um requintado senso filosófico, que, de certo modo, levou-o ao fundamental pessimismo que caracteriza a sua obra, assim como, juntamente com a sua condição de italiano, ao estado híbrido entre o Classicismo e o Romantismo que domina a sua poesia. De sua maior obra em verso, os *Canti*, publicado em sua primeira versão em 1831, apresentamos seis poemas dos quarenta e um que o compõem.

HENRY WADSWORTH LONGFELLOW [1807-1882]

Um dos gigantes do Romantismo norte-americano, Longfellow foi o poeta mais lido de sua época, além de mundialmente traduzido, inclusive no Brasil. Tradutor da *Divina Commedia* e da poesia de Michelangelo, o sucesso literário acompanhou-o por toda a vida, no extremo oposto de seu contemporâneo Edgar Allan Poe, que, aliás, acusou-o de ser muito influenciado pela poesia europeia, crítica que até hoje persevera em alguns meios, sem nunca haver arranhado a sua grande popularidade. "Excelsior" apareceu na edição do jornal

Connecticut Courant de 22 de janeiro de 1841, e foi depois recolhido no livro Ballads and Other Poems, do mesmo ano. Seu célebre poema "Evangelina" foi traduzido por Franklin Dória em 1874, e D. Pedro II foi seu correspondente e admirador.

GÉRARD DE NERVAL [1808-1855]

O parisiense Gérard de Nerval — nome literário de Gérard Labrunie — é um dos grandes visionários da literatura francesa, numa linhagem onde se inscrevem nomes como os de Rimbaud ou Antonin Artaud. Famoso desde bem jovem graças a uma tradução da primeira parte do Fausto, escreveu muito para o teatro, além de ter produzido livros de viagens, poemas e narrativas célebres como Les filles du feu e Aurélia. Seu interesse pelo esoterismo, suas muitas crises de esquizofrenia, pelas quais foi internado em várias ocasiões, suas incessantes viagens parecem ter-lhe aberto as portas de uma sensibilidade sem paralelo que se cristaliza, acima de tudo, nos sonetos "Les Chimères", magistrais e estranhos amontoados de mitologias e genealogias delirantes, onde se antevê o Simbolismo e até mesmo o Surrealismo, e que parecem encontrar um curioso paralelo plástico nas pinturas de um Gustave Moreau. Em completa miséria, perambulando atrás de alguém que lhe emprestasse dinheiro por uma Paris a 17 graus abaixo de zero, Nerval foi encontrado enforcado, na madrugada de 25 de janeiro de 1855, na grade de um porão numa ruela sórdida chamada rue de la Vieille Lenterne, o que causou grande comoção em todo o meio literário.

EDGAR ALLAN POE [1809-1849]

Nome mais lendário do Romantismo norte-americano, Edgar Allan Poe foi o criador do conto de raciocínio e do gênero policial, de tão vasta descendência. Contista genial, de poderosa inteligência investigativa e filosófica, sua descoberta e divulgação por Baudelaire fez dele um dos pilares fundadores da poesia moderna, especialmente pelo seu poema mais famoso, "The Raven", e pelo ensaio "A filosofia da composição", onde, apesar de elementos mistificatórios característicos do autor, veio abeberar-se muito da poética dos séculos XIX e XX. "The Raven" veio à luz no jornal New York Evening Mirror, em 29 de janeiro de 1845, causando instantaneamente a mais funda impressão, com seu tema do amor e do irreparável da morte — que perdura até hoje. A instabilidade financeira e psicológica, unida ao alcoolismo, levou-o a uma morte precoce e miserável, aos 40 anos de idade.

ALFRED TENNYSON [1809-1892]

Em 1850, após a morte de Wordsworth, Alfred Tennyson recebeu o título de *poet laureate*, ou seja, o poeta oficial da Corte, poeta-símbolo da época vitoriana. Brilhante artesão do verso, sua obra sempre foi dominada por uma inquietação metafísica que comumente o aproxima do Panteísmo. "The Charge of the Light Brigade" foi escrito por Tennyson, instantaneamente, após ler uma descrição do heroico episódio, acontecido em 25 de outubro de 1854, durante a batalha de Balaclava, na Guerra da Crimeia, em um periódico. Sua primeira publicação ocorreu em 9 de dezembro do mesmo ano no jornal *The Examiner*. Parte da fama do poema se deve ao medíocre, ainda que cultuado, filme com o mesmo título, de Michael Curtiz, de 1936. Uma comovente gravação fonográfica, realizada em 1890, conserva a voz de Tennyson já octogenário recitando esse mais popular de seus poemas.

STEPHANE MALLARMÉ [1842-1898]

Figura central do Simbolismo francês, cuja aura e a ambição quase mística se projetam até numerosos movimentos literários do século XX, Mallarmé sempre foi um poeta para raros, como no título do livro de Rubén Darío, *Los raros*, um poeta cuja sintaxe se afasta violentamente de sua língua materna, na busca de efeitos encantatórios inesquecíveis, e que influenciaram muitos dos grandes nomes que lhe sucederam, destacadamente Paul Valéry. O sonetilho aqui traduzido nos toca de perto, por sua referência ao descobridor do caminho marítimo para as Índias, Vasco da Gama.

JOSÉ ASUNCIÓN SILVA [1865-1896]

O maior poeta da Colômbia, o bogotano universal, o dândi trágico, José Asunción Silva é o gênio fulgurante dos primórdios do Modernismo hispano-americano, movimento que corresponde, *grosso modo*, ao nosso Simbolismo. Só Rubén Darío se compara à grandeza do autor de "Nocturno", "Maderos de San Juan", "Vejeces", de muitos dos mais altos poemas líricos e dos mais brilhantes poemas satíricos da língua castelhana. Nascido em família aristocrática, sua vida foi uma sucessão de desastres, entre os quais a morte precoce da irmã que idolatrava, um naufrágio no qual perdeu muitos de seus manuscritos, a falência financeira completa, tudo culminando em seu suicídio, aos 31 anos, na centenária casa de sua família, onde hoje funciona a Casa de Poesía Silva, em Bogotá.

BORIS VIAN [1922-1951]

Poeta, romancista, compositor, instrumentista, dramaturgo, Boris Vian, como Jean Cocteau uma geração antes, foi o "homem dos sete instrumentos" da França. Sua morte, aos 39 anos, de um ataque cardíaco, talvez só se compare, como choque popular, com a morte de Gérard Phillipe, oito anos depois, aos 36 anos. "La vie c'est comme une dent" é uma mínima amostra de sua verve inesquecível.

BIBLIOGRAFIA

ALONSO, Damaso. *La poesía de San Juan de la Cruz*. Madri: M. Aguilar Editor, 1946.

LEOPARDI, Giacomo. *Le poesie di Giacomo*. Florença: G. Barbèra Editore, 1919.

LONGFELLOW, Henry Wadsworth. *The Poetical Works of Longfellow*. Londres: Frederick Warne & Co., s/d.

POE, Edgar Allan. *Complete Stories and Poems*. Nova York: Doubleday & Co., 1966.

MALLARMÉ, Stéphane. *Oeuvres complètes*. Paris: Bibliothèque de la Pléiade, 1956.

NERVAL, Gérard de. *Oeuvres*. Paris: Éditions Garnier Frères, 1966.

SHAKESPEARE, William. *The Complete works of William Shakespeare*. Londres: Spring Books, 1970.

SILVA, José Asunción. *Poesías completas y sus mejores paginas en prosa*. Buenos Aires: Editorial Elevación, 1944.

TASSO, Torquato. *Poesie*. Milão: Rizzoli, 1934

TENNYSON, Alfred. *The Poetical Works of Alfred Tennyson*, Lord. Londres e Melbourne: Ward, Lock & Co., Limited, s/d.

UHLAND, Ludwig. *Gedichte und Dramen in zwei Bänden*. Stuttgart: Cotta, 1896.

VIAN, Boris. *Chansons et poèmes*. Paris: Cercle du Livre Précieux, 1967.

Este livro foi composto na tipografia Trump Mediaeval, no corpo 10/13,
e impresso em papel Lux Cream 80g/m²,
na Markgraph.